PERSEGUINDO UTOPIAS

PENSE GRANDE!
PENSE NUM BRASIL COMPETITIVO.

PAULO DIEDERICHSEN VILLARES

PERSEGUINDO UTOPIAS

PENSE GRANDE!
PENSE NUM BRASIL COMPETITIVO.

ns

São Paulo, 2025

PERSEGUINDO UTOPIAS

EDITOR: Luiz Vasconcelos
GERENTE EDITORIAL: Marcelo Siqueira
COORDENAÇÃO EDITORIAL: Silvia Segóvia
PREPARAÇÃO: João Campos
REVISÃO: Marsely De Marco
FOTO DE CAPA: Murilo Tobias
CAPA E PROJETO GRÁFICO: Lumiar Design

Texto de acordo com as normas do Novo Acordo Ortográfico da Língua Portuguesa (1990), em vigor desde 1º de janeiro de 2009.

Dados Internacionais de Catalogação na Publicação (CIP)
Angélica Ilacqua CRB-8/7057

Villares, Paulo Diederischsen
Perseguindo utopias : pense grande! Pense num Brasil competitivo / Paulo Diederichsen Villares. -- Barueri, SP : Novo Século Editora, 2025.
244 p. : 16x23 cm, color

ISBN 978-85-428-1853-6

1. Villares, Paulo Diederischsen - Autobiografia 2. Empresários - Brasil - Autobiografia 3. Grupo Villares I. Título

25-2420 CDD 926.58

Índice para catálogo sistemático:

Uma marca do Grupo Novo Século

Alameda Araguaia, 2190 — Bloco A — 11º andar — Conjunto 1111
CEP 06455-000 — Alphaville Industrial, Barueri — SP — Brasil
Tel.: (11) 3699-7107 | E-mail: atendimento@gruponovoseculo.com.br
www.gruponovoseculo.com.br

DEDICATÓRIA

Dedico este livro à minha querida esposa Inabel, que com tanto amor sempre me ajudou nas escolhas dos muitos caminhos a seguir.

Dedico também aos meus queridos netos e bisnetos, Marcos, Bel, Bia, Luana, Alice, Gui, Marina, Fernando, Pedro, Antonio, Vinicius, Theo e Tim, que este livro possa ajudá-los nas decisões ou momentos difíceis de suas vidas.

AGRADEÇO

Em primeiro lugar, à minha querida esposa Inabel, que desde o início, ao meu lado, sempre me apoiou com muito carinho e dedicação, ajudando com ideias e correções.

À Lígia Siciliano, que com toda sua experiência, tornou possível algo que quase me parecia uma utopia.

Ao Gustavo Campos, cujo empenho em preparar este livro para mim, não só me convenceu, como me encheu de entusiasmo.

Ao Ruy Souza e Silva, que, com grande afinco e muita calma, sempre confiou e muito contribuiu, certo de que, um dia, eu realizaria esta obra.

Ao meu amigo Osvaldo Siciliano Jr., que com sua longa experiência, muito me ajudou de uma forma sempre crítica e construtiva, para que achasse o melhor caminho para a realização deste livro.

Ao Thales Guaracy, que com todo seu conhecimento, ajudou a coordenar minhas ideias de uma forma extremamente agradável, e ao mesmo tempo abrangente.

O progresso é a realização das utopias.

Oscar Wilde

SUMÁRIO

PREFÁCIO

Junho de 2025

Paulo Villares escreveu um grande livro, por meio do qual narra sua história pessoal e a do seu grupo empresarial, que foi o segundo maior do país. Ele liderou o grupo em um período ao mesmo tempo esperançoso, desafiador e difícil da economia brasileira. Mas a obra vai além disso. Com impressionante franqueza, oferece aos leitores muitas reflexões, desapontamentos e críticas sobre a trajetória do país, descrevendo o que lhe parece constituírem erros da política industrial.

Corajoso, comenta a cultura de empresários que se dedicam a buscar benefícios em Brasília, deixando em segundo plano a produtividade e a competitividade de suas empresas. Relata a decepção em episódio que protagonizou com o presidente Lula, então funcionário do grupo, licenciado para exercer o cargo de presidente do Sindicato dos Metalúrgicos. Registra o encontro com o então presidente Fernando Collor, a quem foi levar ideias sobre o Brasil.

Esperava uma reação às suas propostas, mas recebeu apenas um pedido de apoio financeiro a correligionários.

Os desafios constituíram uma constante em sua vida pessoal e profissional. Ainda jovem, foi desafiado por seu pai a escalar o Matterhorn, a famosa e mais conhecida montanha dos Alpes Suíços, o que fez sem hesitar. Seus prazeres incluíam voar, navegar e escalar. Foi também piloto comercial. Quase morreu e correu o risco de ficar paraplégico quando o planador que pilotava bateu em eucaliptos e caiu. Ficou 80 dias hospitalizado. Precisou fazer cirurgia nos Estados Unidos.

Paulo não esconde sua admiração pelo pai, Luiz Dumont Villares, que fez o curso primário na Inglaterra e o secundário na Suíça, concluindo o universitário em Zurique. Luiz voltou para o Brasil em 1922 para assumir a posição do irmão falecido numa empresa fundada por britânicos em São Paulo, que importava e montava elevadores, fazendo adicionalmente o serviço de manutenção. Dessa empresa nasceria a Elevadores Villares. Em várias ocasiões o pai mostrou admirável capacidade de inovar e de criar tecnologias que se incorporavam ao processo produtivo do grupo. O cuidado com os recursos humanos da empresa levou Luiz a criar, na década de 1940, um sistema de saúde pioneiro para os funcionários e suas famílias. Transmitiu a presidência das empresas a Paulo, então com apenas 36 anos.

Ao assumir o comando do grupo, em 1972, vivia-se a época do Brasil Grande. Adicionalmente ao seu texto, permiti-me comentar o ambiente de então. No ano seguinte, a economia cresceria espantosos 14%, ritmo que jamais alcançamos e muito provavelmente nunca fará parte de nossas estatísticas. A crise do petróleo, eclodida em 1973, que contribuiria para reduzir a taxa de expansão do PIB, influenciou a formulação do II Plano de Desenvolvimento, lançado em 1974. O destaque do plano era o enfrentamento da crise com base em uma nova fase da política industrial, desta vez baseada na substituição de bens de capital e de insumos básicos. Tudo isso teria implicações nos planos do grupo.

No grupo, o desafio era expandir os negócios, que chegavam ao seu limite. Além da fábrica de elevadores, o grupo possuía uma usina siderúrgica em São Caetano do Sul. Da construção própria de uma ponte rolante a ser utilizada na fabricação de peças fundidas e forjadas, o equipamento passou a ser fabricado para venda no mercado. Daí surgiria a Equipamentos Villares, que passou a produzir uma enorme quantidade de produtos, incluindo escavadeiras. Em seguida, veio a produção da parte de baixo dos trens do Metrô de São Paulo, os trucks. Depois, a fabricação das rodas, do motor elétrico e do controle. A inauguração do Metrô, em setembro de 1974, contou com a presença do presidente Ernesto Geisel.

Desse momento surgiria o encontro que promoveria o auge do grupo, mas que lhe trouxe graves consequências. Geisel convidou Paulo para conversar. O tema era a produção de bens de capital, parte das atividades do grupo. O Brasil precisava de uma grande indústria de bens de capital, disse o presidente, que perguntou sobre os planos para a expansão do grupo. "Os planos são muito ousados", respondeu Paulo. "Pretendemos investir 10 milhões de dólares nos próximos anos". Geisel não se conformou: "Só isso?". Paulo explicou que o plano de negócios levava em conta o tamanho do mercado. Não podia correr os riscos da ociosidade no grupo. "Quero que os senhores invistam 100 milhões de dólares, dez vezes mais", desafiou Geisel. "Garanto que terá as encomendas". Não seria bem assim.

Paulo foi chamado a conversar com o então ministro do Planejamento. João Paulo dos Reis Velloso. Geisel, disse Velloso, queria que o grupo, com apoio do BNDE (à época sem o "S" de social, que adquiriria no governo de seu sucessor, o presidente João Figueiredo), produzisse não apenas algumas máquinas, mas produtos para os grandes projetos, a começar por Itaipu, que seria então a maior hidrelétrica do mundo. Na mesma época, o acordo nuclear com a Alemanha prometia transferência de tecnologia para produzir no Brasil oito usinas nucleares. Paulo levou a sério a promessa de Geisel sobre encomendas. Ao mesmo tempo, o presidente do BNDE, Marcos Vianna, prometia financiamento para tudo.

Era também a oportunidade de fazer peças muito grandes para a indústria mecânica. Os fornos elétricos precisavam ser enormes. Para produzir a carcaça de um reator nuclear, eram precisos dois fornos elétricos de cem toneladas. Depois de produzir a carcaça, sobraria muita capacidade de forno. Seria possível, então, preenchê-la mediante o suprimento de bens de capital para a indústria automobilística, em grande escala. Como ninguém tinha capacidade de produzir tais peças, surgia uma outra oportunidade: fazer algo maior, começando com uma fundição e uma forjaria de grande porte. Tudo se encaixava.

Em meio a esse processo, o BNDE declarou-se incapaz de analisar a viabilidade de um projeto de tal magnitude, mas isso existia na International Finance Corporation (IFC), criada pelo Banco Mundial para apoiar a realização de investimentos por empresas privadas. Se a IFC aprovasse o projeto, o BNDE também participaria do financiamento, informou seu presidente. Paulo foi à luta. Conseguiu uma audiência em Washington com o presidente do Banco Mundial, Robert McNamara, o famoso ex-secretário de Defesa do presidente John Kennedy, cuja reação inicial foi a de recusar a participação da IFC no projeto, cujo orçamento era de 400 milhões de dólares. O financiamento solicitado era de 60 milhões de dólares. Seria uma "luta de nove *rounds*", pensou Paulo, que esgrimiu os melhores argumentos para convencer McNamara. No nono *round*, "ganhei por nocaute", escreveu. "Quarenta milhões servem?". "Servem". Era relativamente pouco, afirmou, mas o episódio mostrava "minha determinação".

Escolheu-se o nome de VIBASA para a usina que teria capacidade de produzir peças forjadas e fundidas gigantes. A dimensão do projeto podia ser avaliada pela construção da prensa de oito mil toneladas, equivalentes à construção subterrânea de um prédio de quinze andares. Seu propósito era atender a demanda que, segundo Geisel, evitaria importações de bens de capital. Para a localização da fábrica, foram pesquisados muitos lugares. O prefeito de Pindamonhangaba, no Vale do Paraíba, era Geraldo Alckmin, futuro governador de São Paulo e vice-presidente da República. Ele ofereceu a área e o apoio que fosse necessário. "Há vinte razões para o senhor fazer essa fábrica lá". Quais são? "A primeira é que não existe nenhuma fábrica lá. As outras dezenove serão consequência da primeira". A fábrica se localizou em Pindamonhangaba.

Para montar as peças nas dimensões que o governo queria, seria preciso montar uma nova e enorme fábrica de bens sob encomenda, a qual foi construída em Araraquara, com um investimento de 100 milhões de dólares, a preços da época. Chegou-se a fabricar até motores de navio, uma máquina do tamanho de um edifício na horizontal. As peças forjadas e fundidas eram feitas em Pindamonhangaba e seguiam para finalização em Araraquara. Ali foram feitas as peças de Itaipu. "Um trabalho monumental", no dizer de Paulo. Foram também fornecidos os rotores, as hastes para os vertedouros e as gruas que ficam sobre a barragem. O eixo da turbina tinha dois metros de diâmetro. Paulo decidiu "lamber a cria". Visitou anonimamente a usina para ver as turbinas em funcionamento. "Quem faz o mesmo hoje, vê a marca da Villares em toda parte", afirmou com orgulho.

Depois de montar esse complexo industrial, prova de seu descortino e ousadia, Paulo começou a sofrer as dores de quem depende do governo para produzir, processo que denominou de "centralização". O grupo ganhou a concorrência para fornecer os gigantescos laminadores da Usina Siderúrgica de Tubarão, uma empresa estatal. Ganhou, mas não levou, segundo Paulo, por razões políticas. Resolveu procurar a Siderbrás, então a holding das siderúrgicas do governo. Explicou as razões técnicas e de valor que justificaram o ganho da concorrência. "Temos de concluir isso, senão terei que fechar a fábrica de equipamentos", argumentou. "Então fecha", foi a resposta.

O grupo se preparou para fornecer equipamentos para usinas nucleares. Negociou com a suíça Brown Boveri a elaboração conjunta da proposta, do que resultou um trabalho "primoroso". Ao chegar ao prédio da Nuclebrás, confiante na sua competitividade, encontrou mapas onde se marcavam os equipamentos. Foi informado de que tudo que estava em vermelho seria importado. Paulo soube depois que Geisel e o ministro de Minas e Energia, Shigeaki Ueki, haviam decidido que o governo não poderia depender de um único grupo privado para construir a fábrica inteira. Criou-se uma estatal, a Nuclebrás Equipamentos Pesados – Nuclep, dotada de máquinas superpesadas, "que estão até hoje lá, na estrada para Angra, enferrujadas".

O ambiente criado pelo II PND contribuiu decisivamente para os passos ousados de Paulo Villares. Tudo parecia promissor. De um lado, seu espírito empresarial e a capacidade de assumir desafios. De outro, as oportunidades surgidas da promessa de Geisel – na qual ele acreditou piamente – de garantir demanda para uma gigantesca oferta de bens de capital. Não se pensou, imagino, no risco que representava fazer tudo aquilo sem que o mercado financeiro brasileiro possuísse as condições para apoiar os enormes investimentos, que a preços de hoje passavam de um bilhão ou mais de dólares. O mercado de capitais ainda não havia galgado a posição atual, que lhe permitiu superar o sistema bancário como maior ofertante de crédito, a grande maioria constituída de operações de longo prazo.

Essa modalidade de crédito dependia do BNDE e do acesso a linhas de financiamento em moeda estrangeira. O risco em ambos os casos, devo ressaltar, era considerável.

No primeiro caso, o crédito poderia estar condicionado a atender visões grandiosas de burocratas. Foi o caso da exigência de que o grupo construísse uma fábrica de locomotivas, uma atividade em que não dispunha de *expertise*, tendo que buscá-la no exterior. Sem isso, o financiamento do projeto não seria aprovado. Não deu certo. No segundo caso, a combinação de perda do controle da inflação, da valorização da moeda nacional (decorrente do controle cambial), da redução do dinamismo da economia e das crises do balanço de pagamentos provocaram duas maxidesvalorizações cambiais (30% cada, em 1979 e 1983). Empresas endividadas em dólar e outras moedas foram atingidas duramente. Muitas faliram. Outras levaram anos para superar as respectivas consequências. As que não as superaram, terminaram também falindo ou foram vendidas, como foi o caso do grupo liderado por Paulo Villares.

Além de empresário bem-sucedido, Paulo participou de muitas outras atividades. Em uma ocasião em que se encontrava em Nova York, recebeu o convite para ser membro do Conselho Internacional da IBM, que relutou em aceitar diante de seus compromissos empresariais no Brasil. Acabou aquiescendo, o que lhe proporcionou o alargamento de seus contatos e uma amizade com Henry Kissinger, ex-secretário de Estado do governo de Richard Nixon. Participou também, por dezoito anos, do conselho internacional do banco Chase Manhattan, que era constituído de um grupo formado por empresários do mundo inteiro, entre eles o presidente da Fiat, Gianni Agnelli, para discutir cenários. Finalmente, a convite de Klaus Schwab, fundador do Fórum Econômico Mundial, da cidade suíça de Davos, participou do conselho da organização. No Brasil, foi presidente do Instituto Brasileiro de Governança Corporativa – IBGC.

A IBM lhe proporcionou aulas com professores do MIT, nas quais evidenciaram o erro da política brasileira de reserva de mercado para a informática. Previam que o Brasil se atrasava nessa área. Vem daí a crítica de Paulo a essa política, que no seu entender gerava atividades de fachada. Empresas brasileiras importavam componentes e montavam os produtos em Manaus para vendê-los no mercado interno. Além de não desenvolverem tecnologia, inibiam o desenvolvimento da indústria nacional nesse segmento.

Participou da fundação do Instituto Brasileiro de Desenvolvimento Industrial – IEDI (1989), mas se decepcionou. No seu entender, o IEDI era "muito mais um trampolim do pessoal para conversar em Brasília", em busca de proteção. O IEDI, diz, ficou conhecido como o "Instituto dos Chorões". Ele assevera que nunca precisou dessa proteção. O grupo tinha tecnologia e competitividade. Pensou em entrar para valer na área de informática, onde se imaginava competitivo em razão de acordo com um fornecedor de tecnologia. Começaria produzindo computadores para suas empresas. Pediu a respectiva licença ao governo, que foi recusada porque não era permitido fabricá-los para uso geral. "Só industrial". Coisas da burocracia.

Antes, em 1972, tornou-se membro da YPO — Young Presidents' Organization, fundada nos Estados Unidos por filhos de combatentes que morreram na Segunda Guerra, de quem herdaram negócios sem ter experiência para conduzi-los. Resolveram se juntar para trocar ideias. Quando Paulo a conheceu, a YPO tinha cerca de três mil membros, principalmente nos Estados Unidos (hoje, são mais de 35 mil no mundo). Sua participação nos eventos internacionais lhe propiciou conhecer consultores com especialidades que não existiam no Brasil. Um deles, Ichak Adizes, se tornou elemento importante para orientar os negócios do grupo e auxiliá-lo em momentos de crise. O grupo foi provavelmente um dos pioneiros na utilização de consultoria de profissionais estrangeiros. Além disso, as reuniões no exterior propiciavam conhecer pessoas qualificadas e ter contato com personalidades, como foi o caso do ex-presidente Ronald Reagan, presidente dos Estados Unidos, que palestrou em um dos encontros. Em 1978, foi convidado a formar um capítulo da YPO no Brasil, o que fez com muita dedicação.

À crise inflacionária - que gerava incertezas - e aos custos decorrentes das maxidesvalorizações cambiais se juntaram a ausência da demanda prometida por Geisel e a dificuldade de fornecer equipamentos a empresas estatais, mesmo quando ganhava as concorrências. A rentabilidade do grupo diminuiu substancialmente. Para complicar ainda mais a situação, irrompeu uma crise familiar que prejudicou o processo decisório do grupo e acarretou a dificuldade de tomar decisões. Seu ex-cunhado se tornou uma pedra no sapato, recusando-se a assinar contratos relevantes para as atividades da empresa. Para liquidar dívidas, empresas foram vendidas. Com o tempo, a família saiu de todos os negócios, o que na opinião de Paulo, com razão, "não foi um caso isolado" no Brasil.

O livro é repleto de *boxes* com depoimentos de familiares, executivos do grupo, membros dos conselhos de administração, amigos e pessoas relevantes com quem Paulo se relacionou nos tempos em que liderou o grupo. Os textos revelam momentos bons e difíceis, as conquistas e a crise familiar. Trata-se de complemento que enriquece a obra.

Paulo Villares deixou uma marca de ousadia e crença no Brasil, destacando-se como um dos grandes empresários do país. Como ele diz, nunca aceitou a corrupção como forma de conquistar negócios. Certamente cometeu erros e acertos em sua trajetória de sucesso. Viveu as agruras da crise do grupo e a tristeza diante da necessidade da saída dos negócios. Mesmo assim, eles continuaram, em outras mãos, a contribuir para o desenvolvimento do país e para a geração de renda e emprego. Deixa valiosas lições para os empreendedores de hoje. A economia brasileira muito deve à sua capacidade de enfrentar desafios e assumir riscos. Em um de seus atos mais corajosos, foi um dos empresários que subscreveram, em 26 de junho de 1978, nos estertores do regime militar, o conhecido "Documento dos Oito", que pedia mudanças na economia e a redemocratização do país. A repercussão foi enorme.

MAÍLSON DA NÓBREGA

Ministro da Fazenda no Governo José Sarney

INTRODUÇÃO

Um pai e seus riscos

Se você perguntar ao meu pai por que subir o monte Matterhorn, na Suíça, ele vai responder: "Porque está lá". As coisas existem para serem desafiadas. Esse é um princípio que ele colocou para a vida, não apenas para as empresas.

Na nossa casa de campo havia uma fotografia dele no Matterhorn. Um dia, em 2023, ele virou para o meu filho, Guilherme, e perguntou:

— Você não quer subir?

Meu filho adora o avô e se identifica muito com ele quanto ao gosto pelo desafio. Porém ele é mais da água — é kite surfista — que da montanha. Perguntei se queria mesmo, ou se era apenas para atender o avô. Ele disse que queria. Estava decidido. Tinha então 17 anos.

Eu já tinha esquiado em Zermatt, achava o monte bonito, mas nunca tinha pensado em subir lá, nem nos seus perigos. Nunca vi meu pai como atleta, então não achava que fosse algo tão difícil. Depois, juntaram-se à ideia o Caco, filho da Ciça, e o Pedro, filho do Roberto, além do André, sobrinho da Inabel, que para meu pai é também como um neto. Começaram a treinar subindo a Pedra do Baú, foram depois para Itatiaia.

Só me dei conta da gravidade do projeto quando comecei a ler mais sobre o Matterhorn. Vi numa página do Youtube que era a montanha mais letal da Europa. Morriam sete pessoas por ano tentando subir. Comecei a ficar assustado.

Três semanas antes da viagem a Zermatt, uma tempestade quase destruiu a região. Porém os suíços são eficientes e na data marcada muito havia sido reconstruído. Meu pai, que estava cuidando de tudo, arrumou os guias e o grupo foi treinar em julho de 2024. Eles subiram paredes verticais e andaram pelo Polux, pico nevado mesmo com 12 graus no verão. Guilherme chegou no hotel tremendo.

— Não sei se é de frio ou de medo — ele me disse.

Achei o treinamento muito duro. O guia, porém, disse que aquelas eram situações pelas quais eles deviam passar no Matterhorn. Se fosse para amarelar, tinha de ser ali.

Um dia, minha filha chamou a atenção para nomes gravados na calçada, achando que era algo como a Calçada da Fama, em Hollywood. Fui olhar — e eram nomes de escaladores que tinham morrido na subida do Matterhorn.

André não se adaptou bem à altitude e desistiu. A expedição foi complicada pelas condições climáticas. Estava nevando com certa frequência no cume, e a neve solta torna a subida mais perigosa. Eu estava cada vez mais preocupado, achando que meu filho ia correr um risco desnecessário. Ele, porém, me disse: "Vou subir essa montanha de qualquer jeito".

Quando eles chegaram lá em cima, estava nevando e pararam a 200 metros do cume. Guilherme ainda tentou convencer o guia a fazer o trecho final, dizendo que bastaria pedir ao avô que os viesse resgatar de helicóptero. Como eles não alcançaram exatamente o cume, ele não conta a subida como se tivesse realizado o desafio: ficou um pouco frustrado.

Apesar disso, essa experiência mostrou não só a coragem dos que foram, como a do meu pai, que colocou os netos naquela posição de risco.

Era aquela a coragem de quem foi lá e fez a maior indústria de aço especial do Brasil. É também esse otimismo e essa iniciativa que fizeram com que ele quebrasse as costas num planador e tivesse de entregar a empresa para pagar dívidas. Porém este é o perfil do tomador de risco, a característica do superempreendedor. Graças a ele, a Villares se tornou uma peça fundamental na consolidação da indústria de base no Brasil — e ele está no centro desta história.

PEDRO CRUZ VILLARES

I

Uma montanha para escalar

Não se chega a lugar
algum sem a utopia,
que dá o caminho,
a direção.

O Matterhorn, em Zermatt, na Suíça, é um monte de 4.470 metros de altura. Em julho de 2023, propus a meus netos e netas, de 17 a 40 anos, que subissem lá em cima, o mesmo desafio que meu pai me lançou um dia.

Montanha mais difícil de escalar dos Alpes suíços, o Matterhorn é muito íngreme, com muita pedra solta e neve pelas encostas. É escalada mesmo, do tipo que chamam de "1 para 1": é preciso de um guia para cada alpinista. Dá para subir, mas é uma aventura perigosa.

No Brasil, vivíamos escalando a Pedra do Baú, em São Bento do Sapucaí, e as Agulhas Negras, em Itatiaia, no tempo em que fazia faculdade na Escola Politécnica da USP. Tinha um Fusca e saíamos de São Paulo em cinco amigos naquele carrinho, às quatro horas da manhã. Escalávamos as Agulhas Negras e voltávamos ao meio-dia: chegávamos à meia-noite. Eu adorava.

Mais que um prazer, ou um esporte, a escalada é uma tradição na família. Escalar o Baú virou uma espécie de desafio. Eu tenho dez netos, de quatro filhos — uma filha, Cecília, a mais velha, e três homens: Pedro, Luiz e Roberto, o Beto, e mais o Vinicius, neto da Inabel que considero como meu neto. Theo e Tim, filhos da Bia, enteada da Cecília, que considero como meus bisnetos também. Todo mundo subiu no Baú pelo menos uma vez na vida.

Escalei o Matterhorn pela primeira vez em 1965. Meu pai, Luiz Dumont Villares, que estudou na Suíça, na escola secundária, em Saint Gallen, depois na escola Politécnica de Zurique, conhecia a montanha. Eu sabia um pouco do Matterhorn por meio dele e ele propôs um desafio: subir aquela montanha.

Eu, com 19 anos, estava no primeiro ano da faculdade. Não tinha muita ideia da dificuldade: sabia só que meu pai queria que eu fosse lá em cima, e que era algo arriscado. Eu gostava de enfrentar desafios. Quando ele propôs a escalada, pensei: *é para mim.*

De Zermatt ao cume da montanha há uma diferença de 3.000 metros de altitude. Naquele tempo, a gente ia caminhando até um ponto a 1.000 metros acima da cidade, chamado Schwarzsee. É um pouco mais que subir a Serra do Mar, no litoral de São Paulo. Hoje, essa primeira parte do trajeto, de Zermatt à primeira base ao pé da montanha, é feita por um funicular. Até brinquei com os netos: agora, ficou moleza!

Meu pai fez comigo esse primeiro trecho até a base, 1.000 metros acima de Zermatt. Em seguida, no mesmo dia, caminhei até uma segunda base, bem no pé da montanha, onde encontrei o guia e dormimos. Às quatro horas da manhã começava a escalada de verdade. Seguimos eu e o guia desde essa segunda base para subir o trecho final — os 1.000 metros restantes —, até o topo. Levamos água, queijo e chocolate Toblerone, que, além do seu formato triangular, tinha o Matterhorn desenhado na caixa antes de isso ser proibido — como Toblerone é marca alemã, decidiu-se que não podia ter um símbolo suíço na embalagem.

Na subida, foi tudo muito bem. Na descida, eu estava eufórico. O guia me pedia para ir mais devagar. Ao descer uma chaminé, pulei numa pedra; a pedra foi embora e eu fiquei pendurado na corda. É uma montanha realmente bastante traiçoeira. Vi a importância de um guia para cada escalador.

Ofereci essa oportunidade para todos eles. Guilherme, filho do Pedro, manifestou interesse. Caco, filho da Ciça, meu neto mais velho, que mora na Austrália, também. Ponderei que já estava com 40 anos, mas ele estava determinado.

— Pode deixar que eu vou subir.

Meu neto Pepê, do meu filho caçula Beto, perguntou se também podia ir. Um quarto, André, filho de um sobrinho da minha esposa Inabel, que é também como se fosse neto, fazia academia todo dia e desde logo confirmou.

Precisavam treinar. No começo de 2024, enquanto eles se preparavam, comecei a tomar as providências necessárias. Contratei quatro guias. Em 6 de julho de 2024, fomos para a Suíça, toda a família, 24 pessoas. Ao chegar, no dia 7, jantamos com os guias, que achei ótimos: fiquei seguro. No dia 8, eles começaram os cinco dias de treino necessários antes de subir a montanha.

O treinamento era duro. Nele, André desistiu: era muito forte, mas não se deu bem com a altitude. Os outros estavam muito bem treinados, subiram e desceram sem problemas. Para mostrar que estava bem, e por ser o mais velho, Caco fez questão de ir na frente.

Fomos eu, Inabel e os pais dos netos que iam subir, até a primeira base com eles para nos despedirmos, da mesma forma que meu pai fez comigo. Foi um momento muito emocionante. Como naquela época em que subi a montanha, meus netos teriam que subir os 2.000 metros que faltavam da primeira base e da segunda até o topo. Foi uma experiência fantástica! Passamos a noite ansiosos, alegres e sem informações. Durante a escalada não dá para pegar o celular, mas, quando eles voltaram, no dia seguinte, chegaram quase correndo, sãos e salvos, até a primeira base, onde os estávamos esperando, como no dia anterior. Outra vez, muita emoção, mas essa de outra natureza. Aí começaram os registros!!

Para mim, toda essa história foi uma fantástica e incrível emoção! Meus filhos ficaram muito preocupados com os filhos deles, claro, mas todos têm em mente a história da família: o desafio faz parte do nosso DNA.

◇◇◇

Essas experiências são importantes para tudo. Pude dirigir a empresa que meu pai começou a construir e que, na década de 1980, se tornou o segundo maior grupo empresarial privado do país, depois do Votorantim. Os negócios das indústrias Villares, que começaram com os elevadores, cresceram para a siderurgia, os equipamentos pesados e a informática. Assumimos grandes riscos e fizemos parte de um salto da economia brasileira, com um grande impacto nas décadas de 1970 e 1980.

Na empresa, como em qualquer atividade, é exatamente como subir o Matterhorn, voar e velejar; três coisas que adoro. Esse é o ponto central dos negócios: a gente todo dia tem de decidir se quer ou não enfrentar um desafio. Claro que saber enfrentar um desafio com segurança, de forma a vencê-lo, é muito importante. É preciso saber escolher se vamos ou não encarar algo que pode parecer a princípio extremamente complicado. Isso depende de um amadurecimento grande. Porém querer o que a princípio parece impossível não apenas é desejável: é fundamental.

A certo ponto da vida, entendi a importância de perseguir utopias. Isso não quer dizer que tudo o que fazemos tem de dar certo. Porém adotei como característica minha procurar conseguir o que parece inicialmente algo absurdo pela dificuldade.

Houve quem achasse isso absurdo e que me atrapalhou a vida inteira. O planejamento estratégico, porém, sempre parte de um sonho. Não se chega a lugar algum sem a utopia, que dá o caminho, a direção.

É essa minha característica: sempre gostei de desafios.

Por que escalar o Matterhorn? E por que nós? É o que eu queria mostrar a meus netos. É preciso saber escolher os desafios e preparar-se para eles. Se havia uma marca da empresa, e na família, era a preocupação com a excelência — em tudo. Não só do que produzimos, mas em todos os aspectos: no relacionamento dentro da empresa, no atendimento e sobretudo no produto.

Sempre fomos líderes no mercado no qual entramos. E nunca houve um segmento em que entramos no qual não éramos líderes: no aço, na ponte rolante e nos elevadores, claro. Isso exigia um alto nível de qualidade em tudo o que fazíamos.

Qual era nossa maior competência? A capacidade de produzir. Como a empresa cresceu numa era de substituição de importação, tínhamos de produzir um item de qualidade igual ou maior que a do produto importado. E assim era.

Fazíamos absoluta questão da excelência no serviço também. No caso dos Elevadores Atlas, ganhávamos mais dinheiro na prestação do serviço de conservação, que era contínuo, do que na venda do produto. Nosso serviço era tão bom, de excelência tão grande, que podíamos nos dar ao luxo de entrar em uma concorrência com um preço 10% maior que o do concorrente. A qualidade era tão maior que o cliente pagava deliberadamente mais do que pagaria pelo produto de um concorrente.

Era um princípio que funcionou a vida inteira. Valia para tudo que a gente fizesse. Tinha de ser tão bom quanto o melhor do mundo, ou ainda melhor que o melhor — caso contrário, o produto seria o importado. Esse propósito se tornou intrínseco ao negócio. Fiz mais coisas que meu pai na minha gestão, mas esse princípio era dele — e sempre esteve na empresa desde o início.

No ambiente interno de trabalho, esse traço da busca pela excelência também valia. Até hoje faço parte de grupos de ex-funcionários nas redes sociais e verifico, satisfeito, que o bem-estar dentro da empresa é lembrado. Às vezes, ao caminhar no parque perto da minha casa, encontro alguém que trabalhou na companhia.

— Oooo engenheiro Paulo... — dizem, me cumprimentando sem formalismo.

Meu pai tinha muita humildade no trato com as pessoas e sempre procurei ser assim também. Mesmo depois de as empresas siderúrgicas terem sido compradas pelo Grupo Gerdau, ainda hoje, ao encontrar gente que trabalha lá, ouço falarem desse tempo com saudade.

Sinto gratidão: para mim, ouvir isso dessas pessoas é mais importante do que aquilo que fazíamos. E nossos princípios, nas empresas que ainda funcionam, e para a nossa família, estando hoje onde cada um está, continuam válidos — e mostram um caminho que já deu certo, para qualquer negócio e, como progresso, para o Brasil.

Acima de tudo, porém, está o gosto pelo desafio. O espírito de aventura sempre esteve presente em tudo o que eu faço. Um ano após escalar o Matterhorn, realizei outra grande aventura. Convidei um amigo, Roberto Strehler, meu colega de faculdade na Escola Politécnica da Universidade de São Paulo (USP), para dar uma volta pela América do Sul com um jipinho Willys em 30 dias — e voltar inteiro.

— Roberto, por que a gente não faz essa loucura?

Planejamos tudo direitinho, mas foi um desafio incrível, porque, naquele tempo, não havia estrada sequer para chegar em Cuiabá, no estado do Mato Grosso, mas fomos e voltamos, sãos e salvos, totalmente realizados.

Da mesma forma que da escalada, eu sempre gostei de voar — e do mar. Em nossa casa de fim de semana de São Vicente, quando eu era criança, meu pai deixava dois barquinhos a remo, com os quais brincávamos muito, e um outro barco, a vela. Em 1958, comprei uma casa na Ilhabela, que tinha um campo de aviação muito pequenininho, com o mar na frente. A gente unia as duas coisas: o voo e a vela.

Quando meus filhos eram pequenos, usávamos a lancha a motor para brincar. Quando eles cresceram um pouco, comprei o veleiro oceânico e velejávamos juntos. Depois, comprei um veleiro maior.

Fazíamos regatas: Santos-Rio para valer. Embuti na cabeça deles que era uma coisa séria. Isto que eu queria passar a eles: quando temos algo em mente, temos de fazer. Fazer certo, e com segurança. Eu podia voar, navegar, escalar, mas sempre sabia o que estava fazendo. Fui piloto comercial, voava por instrumentos, porque isso me dava mais segurança no voo.

Quando comprei o segundo veleiro, maior, propus aos meus filhos velejar até o Caribe, saindo de Ilhabela. Eles adoraram. A preparação foi muito curtida por nós. Era gostoso conviver tratando desse assunto quase diariamente.

Comprei um radioamador e coloquei as antenas em cima de casa para conversar com eles. No início de 1985, saímos. Fui com eles até Vitória; dali em diante, seguiram só os meus filhos. Só não foi o caçula, que era muito jovem.

Chegando em Vitória, eu estava preocupado. Eles andavam tão deslumbrados com a diversão que eu vinha fazendo o trabalho da navegação quase sozinho. Precisava do apoio deles, mas só se divertiam. Pensei: *como é que esse pessoal vai chegar sem mim no Caribe?*

Eu ainda receava outra coisa. Eu já havia estado em Abrolhos duas vezes e sabia que era uma região perigosa. O nome ("Abre olhos") não é à toa. Lá há os chamados chapelões, que ficam debaixo d'água: se o barco batesse neles, a viagem acabava. Em Vitória, eu disse a eles:

— Vocês façam o que quiserem, só não vão para Abrolhos.

— Tá bom, tá bom — concordaram.

Voltei para São Paulo de avião e passei a acompanhar a viagem pelo rádio, todo dia. De repente, silêncio. Fiquei preocupado. Que aconteceu? A certa altura, nada mais de contato. E nada, e nada, e nada. Certo dia, o filho Luiz, que falava no rádio, apareceu.

— Onde é que vocês estão? — perguntei.

— Não sabemos! Mas tem uma coisa: aqui, a bombordo, tem uma corveta da Marinha e do outro lado, um farol branco e preto.

— Vocês estão em Abrolhos, né?

— Poooositivo!

Pensei: *sabe de uma coisa, seja o que Deus quiser*.

Chegaram bem ao Caribe. Fui de avião, tomei uma lancha até Saint Vicent e chegamos juntinhos, eles no veleiro e eu na lancha. Foi muito, mas muito emocionante. Ficamos na ilha uma semana para comemorar e velejar.

O Pedro já tinha levado para fazer uma palestra em Avaré, o Amyr Klink, o navegador brasileiro. Ficaram bem amigos, e aprendeu muitas coisas com ele. Após alguns dias, Pedro me chamou e disse:

— Pai, estudei as correntes e descobri que o jeito mais rápido de voltar é continuar subindo, atravessar o Atlântico, saindo das ilhas Bermudas, chegar na ilha da Madeira e de lá pegar a corrente que sai da costa da África na direção do Brasil.

Pedro formara-se na Poli: se tinha um momento para fazer aquilo, era aquele. Eu sempre achei importante para uma pessoa procurar um desafio duro, mas que tenha capacidade de enfrentar. Isso é o que dá maturidade: escolher bem o desafio, saber o tamanho do risco, enfrentar o desafio e vencê-lo. Pensei com meus botões: *é isso.*

Era o momento certo para o Pedro. Conversamos muito para eu ver se ele tinha condições de enfrentar aquela parada. Estava já maduro. Concordei com seu plano e perguntei do que precisava para completar a aventura.

— Preciso de cartas, de leme de vento...

— Então compre, instale e vá.

Dos nove tripulantes que saíram de Ilhabela, com idade média de 19 anos, só quatro fizeram essa viagem da volta navegando. Foram muitas venturas. No caminho, o mastro quebrou. Fui lhes dar assistência, consertaram o mastro e prosseguiram, continuando pelo Caribe até as Bermudas, para então atravessar o oceano Atlântico.

Beto, com esse mesmo barco, queria ir para Salvador via ilha de Trindade, a 600 milhas náuticas da costa, o equivalente a 1.100 quilômetros. No trajeto, eles perderam o leme; voltaram para o continente, consertaram o leme, foram para Salvador diretamente sem passar por Trindade. Navegação muito difícil, sempre no contravento.

Meu filho Luiz, por outro lado, é regatista sério e adora velejar e competir.

Amyr Klink me procurou com um pedido de patrocinarmos seu plano de fazer uma invernagem polar na Antártica. Acabamos concordando, apesar de um problema: na companhia, produzíamos aço — e não alumínio, material do qual seria feito o barco.

— Vai ser uma dificuldade fazer o meu conselho de administração aprovar esse projeto — previ.

Foi difícil mesmo, mas, mesmo assim, consegui que meus colegas de conselho topassem. Quando Amyr Klink me procurou, achei a ideia superinteressante, um grande desafio, que exigia muito planejamento e coragem. O Amyr é muito detalhista, de uma forma até irritante. O que ele propunha, caía bem dentro da minha filosofia de vida: Amyr se coloca sempre um novo desafio e é supercuidadoso: não corre risco, ou melhor, corre o menor risco possível.

Outra característica importante dele é que, ao fazer algo que ninguém jamais fez, ele precisa também criar soluções novas: inventar. Esse também sempre foi um princípio das indústrias Villares, iniciado pelo meu pai, que era uma pessoa criativa por excelência. Experimentar, inovar, fazer algo que ninguém mais faz, ser melhor que os concorrentes: essa sempre foi nossa busca, algo que para meu pai era natural pelo seu interesse em projetar, desenhar, procurar soluções.

É essa a característica que tem faltado à indústria brasileira, que perdeu muito da sua competitividade no cenário mundial, é algo que ainda depende apenas de nós. Ela já existiu — e está aí para nos inspirar.

Todo mundo da família tem de subir a Pedra do Baú aos sete ou oito anos. Era a iniciática. Quando a gente subia pela primeira vez, ganhava um diploma. Quando nós, filhos, éramos menores, meu pai inventava desafios e nos fazia também explorar, numa época em que havia menos controle em todos os sentidos. Atravessamos o rio Javaé nadando, descemos o Grand Canyon em lombo de burro — essa ele admitiu que foi uma loucura —, e outra memorável: quando éramos todos pequenininhos, em Zermatt, ele inventou de irmos esquiando até a Itália, do outro lado da montanha, fora da pista de esqui. Eu me lembro dele dizendo a frase que depois se tornou um bordão na família: "Por aqui é morte certa, por ali é morte quase certa". Tinha também um outro lema: nunca volte pelo mesmo caminho. Tinha um tom de brincadeira, de quem sabia o que estava fazendo: ele era muito responsável, sobretudo como piloto de avião. E meu filho, Marcos, que adora meu pai, achou a escalada do Matterhorn o máximo: sempre gostou de escalar, estava numa certa fase, se divorciando, e entendeu aquela como uma oportunidade importante na vida para ele — foi um turning point.

CECÍLIA CRUZ VILLARES, CIÇA

II

Só se for para ser líder

Meu pai gostava de contar o que fazia, tinha um entusiasmo enorme, e isso criou entre nós uma amizade extraordinária.

Meu avô Carlos, casado com minha avó Gabriela, irmã de Santos Dumont, era brasileiro filho de portugueses e estudou nos Estados Unidos, em Syracuse. No Brasil, já formado engenheiro, começou a trabalhar nas estradas de ferro. Já tinha três filhas; queria ir para Portugal ter mais filhos e educá-los na Europa. Teve nove, ao final: meu pai foi o sexto.

Estava bem de vida financeiramente. Queria que os filhos — Carlos e Alfredo, os mais velhos, e meu pai, Luiz — estudassem bem. Em Portugal, já os registrava como brasileiros, porque planejava que viessem para o Brasil. Em seu passaporte, meu pai era brasileiro, nascido na cidade do Porto. Era muito adiantado para a época. Teve o primeiro automóvel do Porto e a primeira máquina de fazer gelo na qual fazia até sorvetes, uma novidade!

Meu pai, Luiz Dumont Villares, brasileiro nato, nascido na cidade do Porto, em 29 de dezembro de 1899, era muito inventivo. Por parte da mãe, era sobrinho de Santos

Dumont, o pai da aviação. Em casa, Santos Dumont era o "tio Alberto". Meu pai gostava muito dele. Ouso dizer que era uma influência importante na família.

Os três irmãos fizeram o curso primário na Inglaterra e o secundário na Suíça. Meu avô costumava todo ano levá-los para Portugal antes de devolvê-los à escola, na Inglaterra.

Numa dessas viagens, quando meu pai tinha 12 anos, na viagem de volta a Portugal, meu avô se suicidou no trem. Nunca houve uma explicação para isso. Dinheiro, ele tinha. Era uma pessoa alegre. Tocava violino aos sábados no circo da cidade do Porto, em Portugal. Sua morte é um mistério até hoje. Depois daquele trauma, Carlos, o mais velho dos irmãos, passou a ser como pai para o meu pai.

Quando meu pai concluiu a faculdade aos 21 anos, em Zurique, recebeu dois telegramas. Contava essa história com muita emoção. Ficou na dúvida de qual abria primeiro. Abriu o da Escola Politécnica de Zurique, na Suíça. Sua tese, na época um trabalho muito elaborado, tinha sido aprovada, e o cumprimentavam por ter se formado: era engenheiro mecânico eletricista. O outro telegrama: Carlos tinha falecido na avenida Ipiranga, em São Paulo, num acidente de motocicleta.

Meu pai veio para o Brasil em 1922 para assumir a posição do irmão falecido numa empresa fundada por dois britânicos, chamada Lowsby & Pirie, que passara a se chamar Pirie, Villares & Cia quando tio Carlos entrou na sociedade, dois anos antes. A Pirie, Villares importava, montava elevadores e fazia o serviço de manutenção. Sua loja ficava no Vale do Anhangabaú, debaixo do Viaduto Santa Ifigênia e, mais tarde, a fábrica onde os elevadores eram montados era na rua Alexandre Levi, no bairro do Cambuci.

Na escola Politécnica, na Suíça, meu pai tinha feito um amigo brasileiro, mais velho do que ele, e de quem gostava muito, Bernardo Diederichsen. Engenheiro eletricista, morreu no Brasil num acidente de trabalho. Já em São Paulo, em 1922, meu pai, assim que chegou ao Brasil, foi visitar o pai de Bernardo, Ernesto Diederichsen, para lhe dar condolências. Foi assim que conheceu meu futuro avô e a filha dele, irmã do seu falecido amigo, Leonor, com quem se casou: minha mãe.

Filho de alemães, meu avô tinha uma indústria têxtil, a tecelagem Argos, que levou de São Paulo para Jundiaí, e uma fiação, que ficava onde hoje está o Shopping Ibirapuera. Fez ainda uma fábrica em Jacareí. Nasci em 1936. Eu era o neto queridinho dele: me pegava no colo e fumava charuto soprando rodinhas de fumaça no meu rosto para me divertir. Lembro que íamos a Campos do Jordão com ele a bordo de um Marmon, um carro muito grande, daqueles antigos, que funcionava a gasogênio, uma invenção do meu pai para substituir o combustível líquido, escasso no período da guerra. Ia parando o tempo todo para colocar mais carvão no gasogênio!

No começo, a família ficava no hotel Umuarama. Meu avô fez uma casa, depois fez outra, bem maior. Eram tempos pioneiros. Pouco antes da chegada no Umuarama, havia uma rampa de terra; quando chovia muito, o carro atolava. Eu era recém-nascido, chorava muito, e meu pai esquentava para mim a mamadeira no radiador do carro, para me sossegar.

A casa de Campos do Jordão ficava num belo lugar, no alto de um morro, com um lindo lago embaixo, onde só eu podia pescar trutas, perto de onde mais tarde, meu avô e meu pai construíram o Hotel Toriba em sociedade. Quando eu tinha quatro anos, em 1940, fui pela primeira vez ao lugar onde está hoje o Toriba, na garupa do cavalo, com o administrador de meu avô em Campos do Jordão, Francisco Stockinger, pai do artista plástico Xico Stockinger. Austríaco, não falava português: me botou o apelido de Sunny Boy. Foi a primeira vez em que andei a cavalo. Nesse dia, meu pai me disse:

— Eu e seu avô Ernesto resolvemos construir um hotel aqui.

— Mas por que a gente não faz uma casa neste lugar tão bonito? — perguntei.

— Quero fazer um hotel, para que mais gente possa desfrutar dessa beleza.

O hotel começou a ser construído em 1940. Ficava no meio de 2 milhões de metros quadrados de mata nativa, com trilhas e riachos. Durante a obra, pouco antes de ele ser inaugurado, em 1943, Floriano Pinheiro, um português com sotaque bem forte, grande empreiteiro de Campos do Jordão, e que deu seu nome à estrada de saída da cidade, disse a meu pai:

— Doutor Luiz, tem um rapaz aqui que disse ter subido a Pedra do Baú. Quer conversar com ele?

Chamava-se Antônio Cortez. Floriano os apresentou.

— É verdade que você subiu a Pedra do Baú? — perguntou meu pai.

— Sim, senhor!

— Ah, eu não acredito!

— E o que o senhor quer que eu faça para provar que é verdade?

— Que me leve lá.

Meu pai foi. Se encantou tanto com a Pedra que, depois, procurou o tabelião Benedito Chierardia, de São Bento do Sapucaí, município vizinho a Campos do Jordão, no qual se encontra a Pedra, homem muito conhecido na cidade.

— Quero comprar a Pedra do Baú. Só a Pedra, mais nada.

Foram os dois a cavalo conversar com todos os sitiantes que ficavam ao pé da Pedra do Baú, do lado que dava para Campos do Jordão. A ideia era comprar a Pedra e, com o Antônio Cortez e seus irmãos, montar escadas para subir lá em cima. Nem era tanto como passeio para os futuros hóspedes do hotel, ou um incentivo para o turismo na região. Para meu pai, era apenas mais um desafio.

Quando comprou a Pedra, ele primeiro fez as escadas. Depois disse:

— Agora, quero fazer uma casinha lá em cima.

Projetou a casinha com o desenhista das cabines dos Elevadores Atlas, a empresa da família.

Lá em cima, caía muito raio. Ele consultou a Westinghouse, empresa com a qual a então Elevadores Atlas tinha um acordo de tecnologia, para saber o que tinha de fazer de modo a isolar a casinha. Fez então um telhado cercado por fios de cobre, a chamada "gaiola de Faraday", que passou a protegê-la.

A ligação da família com aquela região aumentou ainda mais com o tempo. Logo depois da Segunda Guerra Mundial, Job Lane, dono do hotel Samaritano, procurou meu pai. Tinha uma nova ideia.

— Conheci uma pessoa que tem um acampamento de férias nos Estados Unidos — disse. — Ele perdeu na guerra os três filhos. Como uma homenagem, quer fazer um acampamento de férias no Brasil.

Numa viagem aos Estados Unidos, meu pai conheceu o homem que se chamava Donald Kennedy, que tinha um acampamento de férias para jovens. Gostou dele, entendeu o que era um acampamento de férias e voltou determinado a fazer o acampamento. Onde?

Na inauguração da casinha da Pedra do Baú, lá em cima, na Pedra — eu estava presente —, meu pai conversava com Antônio Cortez.

— Antônio, você sabe o que é um acampamento de férias?

— Sei, não.

Ele explicou o que era.

— Entendeu Antonio?

— Onde você acha que poderia ter um terreno para isto aqui na região?

Cortez olhou para baixo, apontou com o dedo uma encosta de morro, bem de frente para a Pedra, e disse:

— Lá.

Assim surgiu o Acampamento Paiol Grande, que fica no hoje chamado Vale do Paiol Grande. Os sitiantes acharam a ideia ótima. Meu pai pediu a colaboração de amigos e um grupo de pessoas contribuiu. A inauguração foi rápida.

Paiol Grande foi aberto em 1947. Fui desde o primeiro ano.

Donald Kennedy tinha uma mulher muito simpática, chamada Harriet, que acompanhou o marido na primeira temporada do acampamento e participava ativamente de todas as atividades. A molecada a adorava. No segundo ano do acampamento, em 1948, meu pai foi buscar Donald no aeroporto de São Paulo naquela animação. Quando ele desceu do avião, porém, estava com outra mulher. Meio sem jeito, ele a apresentou.

— Mas e agora? — perguntou meu pai, desapontado com a falta da Harriet.

— Eu me casei outra vez e trouxe minha nova esposa para ajudar.

Meu pai reuniu os amigos e explicou a situação. O que falariam para a molecada? Donald voltou para casa e eles dariam outra solução para a falta da Hariett.

O que fazer? Meu pai teve então a ideia de recorrer aos Missionários Oblatos de Maria Imaculada. Foi uma sorte incrível, porque Father Edmund Leising, um padre oblato, apesar de não ter a menor ideia de como funcionava um acampamento de férias, era jovem, forte, esportivo, simpático, com uma disposição enorme — e aceitou tomar conta do acampamento. Foi um sucesso!!

Fui três anos no Paiol. Naquele tempo, a temporada de férias era de dois meses. A gente subia o Baú por uma nova escada, colocada do lado do Paiol. Eu, um moleque de quinze anos, subi lá no alto levando nas costas o sino, de quinze quilos para colocar na casinha que hoje não está mais lá.

Fazíamos corridas para saber quem saía do acampamento, chegava ao alto da Pedra do Baú, tocava o sino e voltava no menor tempo. Claro que eu ganhava. A gente subia e descia a Pedra correndo, com aqueles chapéus duros Ramenzoni, voltava tropeçando, caindo e rolando, e chegávamos sedentos no Paiol Grande. Invadíamos aquelas geladeiras grandes, do tamanho de um frigorífico, para tomar guaraná.

Ainda hoje, o Toriba é um dos mais belos e tradicionais hotéis de Campos do Jordão. A origem da fortuna de meu avô, que lhe permitia fazer aquele tipo de investimento, permaneceu como um mistério familiar: dizíamos, como piada, que ele era o contador do Conde Francisco Matarazzo, o grande industrial da época. Ele tinha uma participação na companhia de navegação Hamburg Süd, uma empresa antiga e muito tradicional, da qual provavelmente veio o dinheiro para outros negócios.

Faleceu em 1947, quando eu tinha 11 anos: meus primos, não souberam tocar a empresa dele e acabaram falindo. Após a morte de meu avô, o Toriba ficou apenas com meu pai; quando ele faleceu, a propriedade ficou para minha irmã, Elisa Villares Lenz Cesar, como parte da herança. Elisa dedicou muito tempo ao hotel. Apenas um de seus seis filhos, Alberto Lenz Cesar, interessou-se por continuar com ele, mas não tinha condições de fazer isso sozinho. Foi então que apareceu Aref Farkouh, que em 2024 comprou a maioria do negócio, e Alberto permaneceu como sócio minoritário.

A minha avó materna era da família Arens, também de origem alemã, também de industriais. Tinham uma pequena metalúrgica, que fundia o ferro: faziam tubos centrifugados para usar em ruas, como bueiros, e, por terem sido os primeiros no Brasil, eram bastante famosos por isto. Fizeram ainda máquinas a vapor para a indústria. Certa vez, fui a um hotel em Prados, em Minas Gerais, e no Jardim havia uma máquina a vapor antiga, como uma escultura, com a marca Arens.

A família sempre esteve, assim, ligada à indústria — e aos desafios, na vida e nos negócios. Meu pai, dentro dessa linhagem, porém, foi para mim quem mais se destacou — e era a pessoa em quem eu me espelhava.

◇◇◇

Como industrial, meu pai prosperou rapidamente desde que assumiu a posição do tio Carlos na empresa. A certa altura, vendeu um elevador para um prédio na Praça Mauá, que no seu topo tinha o anúncio do jornal "A NOITE", que era o maior do Rio de Janeiro na época, com 22 andares. Não tinha tecnologia para fazer elevadores rápidos: foi buscá-la na Westinghouse, nos Estados Unidos.

Propôs à minha mãe viajar para lá de navio. Antes de embarcar, recebeu uma carta da General Motors (GM), dizendo que lá sabiam da viagem dele aos Estados Unidos e pediam que os visitasse no escritório em Nova York. Diziam que tinham um produto muito parecido com o elevador e gostariam que ele o conhecesse para eventualmente representá-los no Brasil.

Muito curioso, quando chegou na cidade, meu pai foi à GM.

— Qual é o produto?

Explicaram aos poucos.

— O elevador tem uma cabine de madeira, certo?

— Certo.

— O senhor manda fazer a cabine do elevador de madeira?

— Sim, no Liceu de Artes e Ofícios.

— Este produto também tem uma cabine de madeira, que o senhor pode fazer no Liceu. Os componentes dos elevadores, o senhor importa?

— Sim.

— Os componentes deste produto o senhor também vai importar. O senhor dá manutenção nos seus produtos. Neste, também vai dar.

— E como chama esse produto?

— Frigidaire.

Meu pai, claro, aceitou. Fez um acordo com a GM. A máquina era importada e colocada dentro da cabine de madeira, bonita, feita no Liceu de Artes e Ofícios, assim como a do elevador.

A geladeira foi um sucesso incrível. Ele vendia para os próprios amigos, que ficavam com tudo o que ele conseguia produzir.

— Eu quero quatro — disse o Carlos Leoncio Reis Magalhães — grande fazendeiro da época. — Uma para minha casa, outra para a fazenda, outra para o meu escritório e outra…!

Foi assim que meu pai fez o pé-de-meia dele. A produção cresceu. A fábrica do Canindé ficou pequena e ele passou a produção dos elevadores para uma fábrica maior, no Cambuci.

Até então, ele importava peças para montar os elevadores, mas começava a fabricar mais partes por conta própria. Durante a Segunda Guerra Mundial, em 1940, tornou-se impossível importar. Tudo tinha de ser feito no Brasil, com tecnologia importada da Westinghouse. Em toda a vida da empresa, por muito tempo, importamos tecnologia.

Meu pai era assim: tem que fazer, vamos fazer. Precisava de uma fundição para fazer as peças: montou uma fundição para fazer aço e ferro líquidos, e uma forjaria. Tanto o aço líquido como o ferro fundido são basicamente ligas de ferro e carbono. Quando a porcentagem de carbono é de mais de 2%, chama-se de ferro fundido; quando é menos de 2%, chama-se aço. Tampa de bueiro, na rua, é ferro fundido: tem de ser resistente, duro. Se a peça precisa de certa flexibilidade, é aço.

Na fábrica do Cambuci, meu pai fez uma enorme prensa de 500 toneladas, inaugurada numa cerimônia pelo então presidente da República Getúlio Vargas, um marco importante da indústria nacional, meu pai tinha um forno de ferro fundido e um elétrico. Como o elétrico era muito complicado de fazer por conta própria, ele o comprou da Brown Boveri, empresa de seus colegas na escola Politécnica na Suíça: o primeiro do gênero que houve no Brasil. A fábrica tinha ainda uma pequena forjaria, com máquinas que ele mesmo projetou.

E, para a própria fábrica funcionar, era preciso fazer pontes rolantes — um equipamento que pega um peso e o leva de um lado para o outro da fábrica. Então ele fez pontes rolantes para a própria fábrica e depois passou a vendê-las para outros clientes. Tudo acontecia assim: produzíamos o que precisávamos e, depois, como não havia produção no Brasil, isso criava um outro negócio: passávamos a fornecer ao mercado.

Assim nasceu também a fábrica de motores elétricos dentro da fábrica de elevadores, para não ser preciso mais importá-los. Meu pai aproveitou o que aprendemos para fazer outra fábrica, somente de motores elétricos de tração, que começou a produzir na década de 1950. Com ela, fomos também os primeiros a fazer motores para os trolei-bus, como eram chamados os primeiros ônibus elétricos. Mais tarde, fizemos os motores do Metrô de São Paulo, bem como ainda, um pouco depois, fizemos os motores elétricos para os trens da baía de São Francisco nos EUA. Além dos motores novos, fazíamos também o seu serviço de revisão.

Lembro de meu pai fazendo desenhos. Ele não se conformava que o automóvel tivesse que subir rampas para entrar nas garagens. Fez então a garagem automática, que fazia o carro entrar numa plataforma e subir com elevadores até o andar onde era colocado. Entusiasmou-se e criou a Garagem Villares, um estacionamento vertical. A primeira foi na rua Araújo, em São Paulo.

Tudo era feito nas instalações da fábrica do Cambuci, que era grande, em termos relativos, para a época. Meu pai gostava muito de me levar lá quando eu tinha cinco ou seis anos de idade, nos fins de semana. Não tinha dia e horário para fazer o que gostava, o que incluía trabalhar. E isso dizia muito sobre quem era ele.

Na fábrica, havia um pátio de sucata, utilizada como matéria-prima para fazer o aço. Para pegar a sucata e levá-la ao forno, havia a ponte rolante e um magneto, no qual a sucata grudava. Ele mandou fazer um ferro em forma de U e me dava.

— Paulo, segura aí — dizia.

Piscava para o controlador, que ligava o ímã. O magneto então me levantava do chão. Quando eu chegava lá em cima, ele desligava e eu caía. Pum! A farra era essa. E, dessa maneira, essas coisas sempre me atraíram muito.

◇◇◇

Na fábrica do Cambuci, meu pai não dependia de tecnologia importada para elevadores residenciais, de baixa velocidade. Porém, durante muito tempo, precisou de tecnologia da Westinghouse para fazer os elevadores de prédios mais altos, com alta velocidade. Com o tempo, a tecnologia entre os elevadores mais lentos e rápidos se aproximou, mas, naquela época, era bem diferente.

Com sua capacidade de pensar, meu pai dizia que precisava ter um jeito de fazer um elevador mais barato que os dos concorrentes. O componente mais caro era a máquina. Diferente do guincho, que enrola, ela tinha uma polia grande, cujo cabo de um lado se prendia à caixa do elevador e, de outro, a um contrapeso. Para um cabo de aço com um dedo de diâmetro, a máquina para edifícios residenciais tinha uma polia enorme; não era possível usar uma polia menor, porque o cabo se quebraria e, por norma da prefeitura de São Paulo, o cabo de aço devia ter um certo tamanho e a máquina também.

Meu pai pensou: *para diminuir o custo, o que preciso fazer*? Ter uma polia e uma máquina pequenas. Para isso, é preciso um cabo de aço fino, e uma quantidade de cabos de aço mais finos que suportem o mesmo peso.

Projetou então uma máquina de polia pequena. Para ter certeza de que o cabo ia aguentar, montou na fábrica de elevadores, no Cambuci, um departamento de testes de cabos de aço, sob a responsabilidade do piloto do avião dele, Alfredo Celso Rodrigues.

Celso era engenheiro civil. Começou a trabalhar na área, mas não gostava: preferia voar. Na Vasp, foi comandante de DC-3. Como meu pai não usava o avião todo dia, o piloto não tinha muito o que fazer. Meu pai propôs:

— Celso, vem cá — disse. — Enquanto não está voando, você vai tocar esse departamento de cabos de aço.

Conseguiu a licença na prefeitura para fazer a máquina com cabos mais finos. Aquilo fez uma diferença incrível. Teve muito sucesso. Arrasou a concorrência.

Meu pai gostava de contar o que fazia, tinha um entusiasmo enorme, e isso criou entre nós uma amizade extraordinária. Ainda faríamos, meu pai e eu, muitos projetos para a empresa, que se desenvolvia mais e mais.

◇◇◇

Na medida em que a forjaria e a fundição tinham sucesso e se expandiram, passou a ser necessária uma venda específica nessa área, que não podia ser feita pelo pessoal de elevadores. Assim nasceu a Aços Villares, em 1947, como um departamento para vender aço. O negócio aumentou ainda mais. Em 1955, meu pai comprou uma área em São Caetano do Sul para fazer uma usina de aço, separando o negócio dos elevadores. E fechou a forjaria e a fundição do Cambuci, onde ficou apenas a montagem dos elevadores.

Eu sempre quis trabalhar com ele. Entrei em 1955 na Escola Politécnica da USP com esse propósito. Fiz um ano a mais que o previsto no currículo, porque, naquela época, o curso foi reestruturado. Abriram dentro da faculdade um curso só de metalurgia, com matérias novas, que eu queria muito fazer. Por interesse, fiz esses cursos a mais — e levei um ano além dos quatro previstos para concluir a faculdade.

Luiz Dumont Villares

Matterhorn - 4.478 m

Paulo no topo do Matterhorn, julho 1965.

Família em Zermatt, julho 2024.

Inabel e Paulo na despedida dos meninos, antes da subida.

Grupo no Gornergrat na véspera da subida.

Escalada muito difícil. Guia garantindo a segurança.

Os netos, Pedro tomando água e Gui sentindo muito frio. O guia de pé aguardando.

Inabel e Paulo recebendo Marcos na volta da escalada.

Paulo abraçando os netos alpinistas na volta da escalada.

Roberto e Paulo na partida da viagem de Jeep pela América do Sul: 14.000 km em 40 dias.

30anos atrás, chegando de uma das experiências mais incríveis da minha vida, uma descida pela costa do Brasil -Recife/Ilha Bela- no veleiro Alforria, com esses caras aí, meus irmãos ❤️. @pecruzvi tks! ⛵

Testemunho do marinheiro Zezinho (primeiro à esquerda) no retorno de Pedro, filho de Paulo, (segundo à esquerda), após 10 meses no mar com sua tripulação.

O filho Luiz. Regatista sério.

Barco do Amyr Klink encalhado no gelo.

Indo para o Hotel Umuarama, em Campos do Jordão, no carro do pai de Paulo, um Marmon a gasogênio, em 1936.

O avô de Paulo, Carlos, com o primeiro automóvel da cidade do Porto, em Portugal.

Os avós de Paulo, Lili e Ernesto, na "casa grande" em Campos do Jordão.

O empreiteiro Floriano Pinheiro, o pai de Paulo (à esquerda), e o avô Ernesto (à direita).

Passeio a cavalo durante visita à Pedra do Baú: a irmã de Paulo, Elisa; Paulo no colo de seu pai; e seu irmão Luiz.

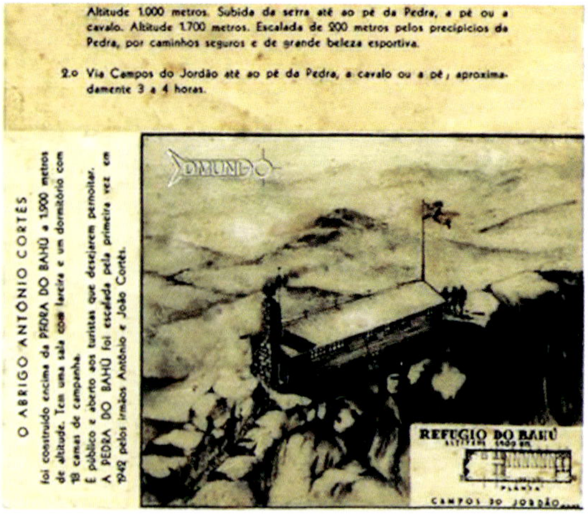

Convite para a inauguração da casinha no dia 12/01/1947.

"Escalada" na Pedra do Baú.

Casinha feita no topo da Pedra do Baú.

Acampamento Paiol Grande. Hoje com quase 80 anos.

Hotel Toriba.

Luiz Dumont Villares: olhando o futuro, respeitava o passado e vivia o presente.

Onde tudo começou.

Amigos do Grupo Villares

Helio Toledo Filho · 1 d ·

Fato provado, a PIRIE, VILLARES & CIA foi representante da GM (General Motors), vendeu refrigeradores da narca FRIGIDAIRE que Luis Dumont Villares conheceu nos Estados Unidos em 1926.

Paulo e seu "brinquedo".

O Stearman da Segunda Guerra Mundial.
Rebocador de 450HP.

Paulo rebocando, 1955.

Paulo no Grunau Baby.

Paulo fazendo um rasante na praia de Iporanga, Guarujá.

Paulo avisando sua família em Ilhabela que estava chegando.

Comandante Paulo no seu Citation Jet.

Durante visita de Paulo em sua fazenda Água Fria, no Tocantins.

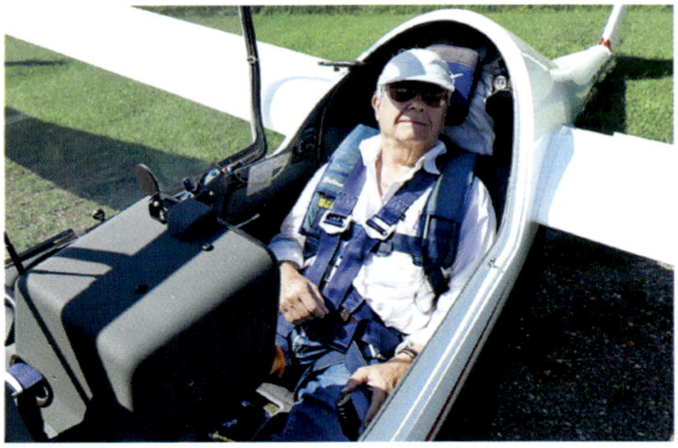

Paulo na Suíça após voar no planador.

E agora é a vez dos netos.

Inabel, Paulo e o neto Vinicius, o “comandante”.

Dois anos antes de me formar, em 1958, comecei a trabalhar na área de atendimento aos clientes da Aços Villares. Quando quebrava uma peça do cliente, por exemplo, o diretor me mandava conversar com ele e dar explicações. Como estudante de engenharia, eu já tinha algum conhecimento da área — e era bem recebido, porque era filho do presidente da companhia. Andava pelo Brasil inteiro fazendo isso.

Eu me casei um ano após começar a trabalhar na empresa: tinha uma casa, pequenininha, sem ter me formado ainda. Durante muito tempo, tive pesadelos por conta de ser muito novo, com grandes responsabilidades profissionais. Desde o início, meu foco era o desenvolvimento da tecnologia, essencial para o desenvolvimento de qualquer negócio.

Apesar das preocupações, talvez por conta da influência do meu pai, eu me divertia muito procurando soluções para melhorar a qualidade do aço e dos equipamentos. Ainda não trabalhávamos juntos. Meu pai, todos os dias, saía da fábrica de Elevadores Atlas no Cambuci e ia almoçar com os gerentes em São Caetano, na usina de aço. Eu também ia, mas, como não era gerente, comia em outra mesa.

Eu achava que precisava saber mais. Minha ideia era fazer mestrado em metalurgia. Escolhi estudar em Chicago, nos Estados Unidos — e teria ido, não fosse o acidente com o planador.

O acidente marcou nossa vida, porque, por muito tempo, ele teve grandes dificuldades motoras. Nunca me pegou no colo. Chegava em casa, sempre ia se deitar para passar a dor. Porém sempre adorou voar. Tínhamos uma casa em Ilhabela porque lá havia um campo de aviação, e ele queria ir de avião. Da primeira vez, fomos de carro, indo pelas praias, quando nem tinha estrada, a partir do Guarujá. Eu devia ter seis anos de idade. Chegamos em Ilhabela à noite, ele tocou a campainha num hotelzinho, não tinha lugar. Deram roupa de cama e a chave de uma casa que estava vazia e fomos dormir lá. Ao chegar no terraço, ele deitou e disse: daqui eu não saio mais. A casa dava no mar. Ele até foi ver a casa do campo de aviação, mas comprou aquela. Era tudo muito precário: às vezes, para pousar na ilha, ele tinha de dar um rasante sobre a pista para espantar os cavalos que pastavam ali. Quando ele vinha do trabalho, em São Paulo, a gente ouvia o avião vindo do sul, ele dava o rasante para avisar que tinha chegado, e ia pousar. Certa vez, aceitou dar uma carona a um padre, que chegou atrasado, quando o avião já estava para decolar, porque tinha de sair antes do pôr do sol. O padre tentou se aproximar com os motores já em funcionamento, entrou por trás do avião e acabou perdendo o braço por uma hélice, já em movimento. Meu pai realmente o levou — mas de emergência, a um hospital em São Paulo.

CECÍLIA CRUZ VILLARES

Em 1947, escondido da minha mãe, meu pai comprou um Beechcraft Bonanza. Na Suíça, ele gostava de voar nos clubes de aviação. No Brasil, como falava muito do assunto, minha mãe dizia:

— Luiz, não vai me comprar um avião!

Certo dia, ele disse que tinha de contar algo para ela.

— Não vai dizer que comprou um avião...

— Comprei!!!

Ela, entretanto, era muito compreensiva e, sobretudo, queria ver meu pai feliz. Ele precisava de um companheiro para voar. Quem? Eu. Tinha então 11 anos de idade. No domingo, dia bonito, minha mãe queria me levar para a escola dominical, na rua Helvétia, mas meu pai dizia:

— Vamos comer camarão lá em Bertioga?

Era uma praia ótima para pousar de avião: dura, tranquila. A gente saía do Campo de Marte, voava, pousava na praia, comia camarão e voltava. Tinha de ser rápido, às vezes, porque a maré subia.

Desde cedo, meu pai me mandava pilotar. O Bonanza tinha um manche só, que se podia puxar de um lado e do outro. Eu sentava na direita, ele na esquerda, e me passava o comando.

— Agora, você pilota.

Eu me divertia demais.

Na casa de São Vicente, eu me trancava dentro do carro e brincava lá dentro de voar, falando com a torre de controle.

Com dezessete anos, meu pai disse:

— Agora você vai para o aeroclube aprender a voar para tirar o brevê.

Acabei me brevetando antes de ter carta de motorista. Meu pai me emprestava o avião e eu já voava à vontade.

Quando entrei na faculdade, havia um quadro de avisos. Um deles dizia: “Precisa-se de piloto rebocador”. Voar, de graça? Pensei: *está pra mim*!

Conforme o anúncio, eu fui ao Clube Politécnico de Planadores, que ficava no Aeroclube no Butantã, lugar onde hoje é a raia olímpica da USP. Fundado em 1936 por um pessoal que veio da Alemanha e deixou alguns planadores no Brasil, o clube tinha um avião biplano, com um motor radial de 450 HP, da Segunda Guerra Mundial, que usavam para rebocar os planadores.

Peguei a função. Depois de um tempo rebocando planador, me convidaram para experimentar o próprio planador. Adorei.

— Arrumem outro rebocador, agora quero ser rebocado — eu disse.

Fiquei muito envolvido com o clube durante os cinco anos em que estudei na faculdade. Para minha namorada Helena e ex-esposa, era muito conveniente. Ela era bandeirante e se ocupava assim enquanto eu voava. Um dia, perguntei a ela se não queria conhecer o clube e os planadores e ela aceitou. E eu, para fazer bonito para minha namorada, peguei o melhor planador do clube e na hora do pouso, primeiro dei um raso ao longo dos 800 metros da pista, em seguida dei um "peel-off", e quando vim para o pouso só a vi na cabeceira da pista, abanando e fazendo sinais para eu pousar. Levei uma bronca que a fez nunca mais voltar ao CPP.

No sábado, eu estudava; domingo era dia de relaxar, especialmente na véspera das provas, que eram em geral na segunda-feira. Levava comigo um saquinho de pêssegos. Pegava uma onda térmica que me levava até a base de uma nuvem, comia um pêssego, jogava o caroço para fora do planador, procurava outra onda térmica, subia e comia outro. E ia assim.

Nessa época, foi quando conheci o Alfredo Celso Rodrigues, que, além de pilotar para o meu pai, adorava planadores. Fizemos uma amizade muito grande. Ele tinha o melhor planador do Clube Politécnico. Como ele o usava pouco e o planador não podia ficar parado, me oferecia:

— Quando eu não for voar, você pode usar.

Voava com ele, muito alto, e por muito tempo. O rebocador leva o planador até 600 metros de altura: para subir mais, há diferentes formas. Se estamos perto da orla do mar, por exemplo, quando venta leste, a massa de ar sobe, e a gente aproveita a corrente ascendente. No litoral, um dos voos mais bonitos que fiz foi em cima de Bertioga, subi até uns três mil metros de altitude, de onde avistei até Campinas, num dia muito claro. Outra maneira são as térmicas, quando o ar quente sobe. Detectamos esse movimento pelas nuvens, ou pelos urubus, que circulam nessas correntes. A gente entra na base da nuvem e com ela vamos subindo pelo tempo que quisermos.

Tivemos de mudar a sede do Clube, por conta do conflito com a aproximação dos aviões que pousavam no aeroporto de Congonhas. De vez em quando a gente saía de uma nuvem e dava de cara com um avião de carreira. Fomos expulsos — e mudamos o Clube para Jundiaí.

Durante o curso de pilotagem, eu havia conhecido um engenheiro que tinha conseguido plantas para construir um planador. Contei ao meu pai. E ele:

— Oba! Pode fazer!

Levei um ano fazendo um planador muito sofisticado, com equipamento de oxigênio, para voar muito alto e dentro de nuvem, para o que é preciso de instrumentos. Hoje em dia esses equipamentos são tantos que, num planador, você parece estar dentro de um jato militar. Com ele, participei de campeonatos de voo a vela e me diverti muito, até o dia do meu acidente.

Em 1 de abril de 1962, saí com meu planador do Clube, em Jundiaí, e voei 3 horas e 45 minutos, grande parte dentro de nuvens. Estava com o planador muito na mão, praticamente dentro de nuvens cúmulos de desenvolvimento vertical. A gente sobe junto com o desenvolvimento vertical delas e lá em cima, quando saímos, abre-se uma vista maravilhosa.

Para pousar, é preciso fazer o tráfego, na altura de 200 metros do chão. Nesse dia, quando fui entrar no tráfego, vi que na minha frente tinha um menino, que estava fazendo pela primeira vez um voo solo, num planador de dois lugares. Fosse outro, eu iria junto para o pouso, mas não quis atrapalhá-lo. Pensei: *como tenho um planador de alta performance, posso ficar aqui, segurando mais cem metros; dou mais uma volta, espero ele pousar.*

Esqueci, porém, que ao lado da pista havia um morro com eucaliptos. Quando fiz a volta, vi os eucaliptos.

— Ô, ô!

Tentei virar antes dos eucaliptos mesmo naquela altura baixa, mas havia um vento muito forte. Dei uma caranguejada, que é como a gente chama quando o vento joga o avião um pouco de lado e acabei batendo com a ponta da asa num fio telefônico. Fui para o chão.

Quebrei as costas: a vértebra L4. Quando me tiraram do planador, me puseram numa Kombi: pedi para ir sentado. Só não fiquei paraplégico porque um colega meu de voo, de sobrenome Heinz, que tinha sido instrutor na Luftwaffe, interveio.

— Ponham o pé em cima dele, não o deixem levantar — ele disse.

Foi a minha salvação. Do pronto-socorro em Jundiaí, fui de ambulância para São Paulo, onde fiquei internado, na Beneficência Portuguesa. Quem me atendeu foi o doutor José Passarelli Júnior. Fiquei engessado, deitado de costas, inclinado para trás, com pinos nos dois joelhos, puxados por um peso para tracionar. Fiquei assim 80 dias, quando ele me mandou levantar.

Depois que tirei o gesso, comecei a levar vida normal, o que foi um erro: devia ter ficado mais tempo deitado. Na hora em que passei a andar, uma das vértebras começou a achatar. Eu tinha muitas dores. Voltei ao hospital em 1963. Fizeram uma cirurgia: na vértebra que tinha sido quebrada, foi colocado um osso humano como enxerto, que não colou. A dor piorou.

Nessa cirurgia, injetaram na minha coluna um líquido de contraste para as radiografias: lipiodol. Depois, não conseguiram retirar o líquido.

— E agora?

— Talvez daqui a 35 anos você sinta alguma coisa.

Dois anos depois, em 1965, ainda com muitas dores, depois de pesquisar pelo mundo, resolvi fazer outra cirurgia, no Hospital Special Service, HSS, em Nova York, hospital ortopédico enorme nos Estados Unidos. Fizeram novo enxerto e funcionou. Porém a vértebra que estava achatada ficou achatada mesmo, não teve mais jeito.

Meu pai esteve comigo o tempo inteiro. Ficou triste, chateado, mas não me criticou. Ele só fazia voo visual, sem instrumentos. Depois do acidente, voltei a voar, não de planador, mas de avião — e já voei todo tipo de avião que existe.

Minha vida mudou muito depois do acidente, embora não por causa dele. Quando eu ainda estava deitado na cama do hospital, com os pesos da tração pendurados nos cabinhos, o Theodoro Niemeyer, CEO da Aços Villares, veio conversar comigo.

— Paulo, sei que você tem planos de fazer mestrado em Chicago — ele disse. — Mas não posso deixar de oferecer uma oportunidade. Você aceitaria ser gerente da fundição da Aços Villares?

— Só não pulo da cama porque não tem jeito! — eu respondi.

Niemeyer acabou sendo o meu guru na empresa.

Quando meu pai o entrevistou para contratá-lo, perguntou o que ele fazia.

— Eu sou médico ortopedista — ele respondeu.

— E você quer trabalhar aqui, numa usina de aço?

— É que para fazer as minhas ferramentas cirúrgicas comecei a estudar metalurgia. Atrás da pensão onde moro, montei uma pequena fundição, onde passei a misturar materiais para fazer o aço líquido. Comecei a gostar disso. Se o senhor me permitir, queria muito trabalhar aqui.

Nós o chamávamos, na empresa, de "médico otorrinolaringometalurgista". Meu pai era o presidente da empresa, mas quem tocava o dia a dia era ele, como vice-presidente.

Quando fui prestar o vestibular para a Poli, meu pai pediu que o Niemeyer o orientasse sobre o que eu deveria estudar. Disse que estava com receio, porque, se me deixasse solto, eu iria prestar exame para engenharia mecânica ou elétrica. Perguntou o que ele achava. Niemeyer teve a sabedoria de sugerir outra coisa.

— Mecânica e elétrica ele pode aprender até sozinho, é o que ele gosta — disse. — Faça ele estudar metalurgia. É importante, porque é preciso mais teoria, conhecer química profundamente.

Acertou em cheio. Eu devia a ele essa indicação a meu pai e também pedi ao Niemeyer para começar a trabalhar na empresa antes mesmo de me formar. Quando passei a estudar mais metalurgia, Niemeyer me permitiu trabalhar no departamento de pesquisa e desenvolvimento. Curtia muito comigo aquele trabalho. Provávamos que a teoria estava correta naquilo que fazíamos.

Então, sofri o acidente — e recebi aquele convite. Na hora em que melhorei um pouco e pude me levantar, fui trabalhar, mesmo ainda tomando remédios. Eu saía de casa, no Pacaembuzinho, e em meia hora estava em São Caetano. Passei a usar uma cadeira ortopédica, que ficava quase horizontal no escritório. Quando tinha dor, deitava — deitado não doía. Quando passava a dor, eu despachava e andava pela fundição usando um colete.

Em 2.000, as dores pioraram. Fui para o HSS novamente. Lá me examinaram e disseram que a parte óssea estava perfeita.

— Você, porém, talvez tenha algo chamado aracnoidite.

O lipiodol que não conseguiram retirar grudou na medula e decapou os nervos. Eles batem um no outro e doem. Uma situação irreversível.

Voltei de Nova York e comecei a estudar aracnoidite, assunto que no Brasil ninguém conhecia. A maior autoridade era um médico de uma clínica em Salt Lake City. Ele viu as tomografias e confirmou o diagnóstico.

— O que faço?

— Volte para o Brasil e ache quem entenda de aracnoidite.

Ortopedistas não entendiam, ninguém entendia, e eu sempre com bastante dor, mesmo sem deixar de fazer o que gosto, inclusive andar a cavalo. Naquele tempo, não havia o que fazer. Porém a gente acostuma até com a dor — e, assim, segui em frente.

◇◇◇

Como gerente de fundição, fui para os Estados Unidos, como parte de um acordo que o Niemeyer tinha assinado, para aprender a fazer cilindros de laminação — rolos que podem chegar a ter 20 toneladas, utilizados pelas usinas siderúrgicas para fazer chapas.

Fazer esses grandes cilindros corretamente com a composição e tratamento térmico é o máximo de teoria metalúrgica. Para fazer aço plano, ou a chapa de aço, um laminador usa quatro cilindros de laminação, que fazem pressão sobre o aço que entra, quente, como uma massa de pastel.

Voltei e introduzi na empresa a produção desses cilindros para fazer chapas de aço, com muito sucesso. Porém não conseguíamos fazer os cilindros grandes, os mais pesados.

— Por que não dá? — meu pai me perguntou.

— Esse cilindro precisa de um tratamento térmico. Você coloca no forno, aquece, depois vai água. Nos Estados Unidos, eles têm fornos a gás, que mantêm uma diferença de temperatura de um grau centígrado de baixo para cima dentro do forno. Com mais que um grau de diferença não funciona. É necessária uma precisão incrível na temperatura, embaixo e em cima. Nós só temos óleo para aquecer o forno. Então, não dá.

Para ele, não tinha esse "não dá".

— Vamos fazer o seguinte: o cilindro vai rodar.

Era uma solução simples, mas absolutamente genial. Com o cilindro rodando, bastava manter os maçaricos a óleo embaixo. Esses fornos, chamados de Rototemp, funcionam até hoje. Invenção dele.

Esse era meu pai. Para tudo tinha solução, como foi o caso da redução das polias dos elevadores. E do forno LPV, que construímos juntos, cujo nome, veio de Luiz e Paulo Villares, mais um de seus projetos de total sucesso.

Ao passar por fornos em um ambiente muito quente a superfície da barra de aço se decompunha e suas características mudavam. Quando saía do forno, não era aquilo que a gente queria.

Ele então pensou em fazer um forno diferente.

— Puxa, Paulo — disse meu pai. — Vem cá. Não vamos mais ter esse problema. Me dá as características e projeto esse forno para você.

Era preciso ter uma atmosfera controlada lá dentro: uma mistura de CO e CO2 que impedia a oxidação no material. Ele projetou então um forno comprido, em que as barras de aço aquecidas entravam e saíam sobre roletes.

Projetou o forno inteiro, incluindo os roletes, que fabricávamos centrifugando o aço, com bancais de grafite: todas ideias geniais dele. Naquele processo, as propriedades do material não se alteravam. Para produzir uma atmosfera controlada, desenvolvi um forno que meus companheiros na usina chamaram de VENUSIK, pois parecia mais um foguete que um forno!

O forno fez tanto sucesso que fizemos um segundo, com as mesmas características. Ambos funcionam até hoje. Gravada neles, está a sigla LPV: Luiz e Paulo Villares.

Meu pai era assim. Como engenheiro mecânico eletricista, projetava tudo. Era o que gostava. Eu também preferia estar na produção, criando soluções novas, não fossem outras emergências, que acabaram me levando para um novo campo de descobertas.

> *Meu pai sempre resolvia tudo. Quando casei, foi ele quem pendurou em casa todas as coisas; consertava móveis e tinha grande habilidade para arrombar portas. Relaxava indo para a oficina que fez nos fundos da casa. Há aspectos da personalidade dele, e do que aprendeu com o pai dele, meu avô, um jeito de ser, que passou para nós. Principalmente uma cabeça de engenheiro, pela estratégia, organização, voltada para a resolução de problemas. A partir de certa altura, ele estabeleceu que, no Natal, a gente tinha de trocar presentes, com uma única regra: eles não podiam ser comprados, tinham de ser feitos. Lembro de que, quando estava grávida, o meu irmão caçula fez um canguru, esses de levar criança no colo. Desenhou, cortou, costurou a peça. Foi algo que usei muito. No Natal, como em tudo, sempre tinha de ter alguma invenção, algo de cria-*

ção. É uma cultura de família. Ia chegando dezembro, o pessoal se trancava até a madrugada para inventar. Todo mundo fazia alguma coisa. E a gente torcia para cair com meu pai no sorteio, porque ele sempre fazia as coisas mais impressionantes.

CECÍLIA CRUZ VILLARES

Eu estava muito satisfeito com meu trabalho na produção na usina de Aços Villares, e fui promovido a diretor técnico pelo Niemeyer. Porém um dia meu pai me chamou, dizendo que tínhamos um problema muito sério.

— Descobrimos que o diretor comercial está atuando de forma inadequada.

O diretor de vendas financiava os pedidos de alguns clientes e, na hora de fabricar as peças, ligava para as usinas e pedia preferência para eles. Saíamos correndo para que recebessem o material. E, assim, esse diretor recebia dinheiro dos clientes, isto é, dava um prazo menor para seus clientes às nossas custas. Na verdade, era um total agiota.

— Precisamos de alguém da família, de confiança, para restabelecer o respeito da empresa — explicou meu pai. — Queremos saber se você aceita ser diretor comercial.

— Eu? — objetei. — Vocês sabem que eu sou técnico, me formei em metalurgia.

— É uma questão de nome — disse meu pai. — Você tem de ir lá, assumir e defender o nome da companhia.

Eu não tinha alternativa, mas impus algumas condições. Não entendia nada de comércio, nunca imaginei mexer com isso. Porém tive uma ideia.

— Eu quero um quadro na minha sala — disse.

Era um Vasarely, que está hoje na minha casa. Tinha sido comprado pelo meu irmão Luiz, que gostava muito de arte: uma pintura enorme, vermelha, com uma geometria hipnótica, que se encontrava então na recepção da empresa.

Ajudava a vender — e muito. Meu pai me deu a diretriz do que queria para a área comercial. Como se estabelece o preço? Não é pelo custo, é o valor de mercado. Mas qual o valor de mercado quando não existe mercado? É uma grande discussão. Eu punha o cliente sentado numa daquelas cadeiras Bertoia, que balançavam muito na minha frente, e, como engenheiro, negociava usando uma régua de cálculo. Com o quadro atrás de mim, de frente para o cliente, ele ia ficando completamente zonzo, balançando na cadeira. Quando caía, tonto com o quadro, eu dizia o preço. E fechava o negócio!

Era o meu método: régua de cálculo e o Vasarely.

Comecei a gostar: de engenheiro, de repente passei a camelô. Meu pai ficou preocupado.

— Acho que você precisa estudar administração, para realmente poder atuar em outras áreas da empresa.

Ele me apresentou duas opções: Harvard ou Cornell. Eram cursos rápidos de administração, de quatro meses, muito intensos, uma loucura. Eu poderia ter ido para Harvard, mas me indicaram Cornell. Fiz o curso e, quando voltei, além de saber mais de finanças, todo mundo dizia que eu tinha mudado, estava diferente.

— Agora você é outra pessoa — diziam. — Está dando mais importância para as pessoas, muito agradável.

Creio que foi influência do Earl Brooks, professor de Cornell. Ele me mostrou que é muito melhor e mais importante tomar uma decisão com as pessoas, do que de forma monocrática. Você consegue muito mais envolvendo a equipe. Mais tarde, eu o trouxe ao Brasil, para nos dar um curso exatamente sobre isso: como criar esse envolvimento maior.

Na fábrica, eu era muito duro. O relacionamento era complicado. Eu não podia fazer coisas normais, como contar uma piada — tinha de tomar muito cuidado. Ser filho do presidente criava certa distância — e isso me aborrecia. Queria ser considerado igual aos demais.

Quando voltei dos Estados Unidos, meu pai disse que eu seria vice-presidente de operações de todas as fábricas. Para mim, foi pesado: eu conhecia bem a área siderúrgica, mas tinha de aprender mais sobre a parte dos elevadores, dos equipamentos, empresas onde eu ainda não tinha entrado. Meu ex-cunhado, José Guimarães, tornou-se o vice-presidente financeiro.

Não muito tempo depois, fui promovido novamente. Como acionista majoritário, com 60% das ações ordinárias, a decisão do comando da companhia era de meu pai. Primeiro, conversou com Luiz, seis anos mais velho que eu, mas que não tinha realmente interesse em tocar a empresa. Já tinha feito ele estudar fora, em Zurique: passou um ano lá e, se compareceu dois dias às aulas, foi muito. Formou-se em engenharia no Mackenzie, mas gostava e entendia mesmo de arte e música — mais tarde, foi presidente da Bienal de São Paulo. Quando meu pai quis que assumisse a direção da empresa, chegou a ficar doente.

Já eu tinha os mesmos interesses que meu pai — de voar aviões aos negócios. Luiz concordou com ele, que, assim, me convidou para ser o presidente da empresa em 1972.

— Estou cansado de o pessoal vir aqui me falar de planejamento estratégico, orçamento... — ele me disse. — Nada disso me interessa. Quero que você, como presidente, seja o CEO. Seu irmão é da mesma opinião.

— Mas você quer um CEO de verdade, que toca a empresa, ou um presidente apenas com o título?

Ele tinha uma noção clara do que era um Chief Executive Officer: um presidente efetivo.

— CEO — ele disse.

Nossa relação desde então foi absolutamente extraordinária. Nós nos aproximamos ainda mais, porque vi como meu pai era sério. Comecei até a conversar mais com ele, para tratar das coisas que estava fazendo.

Eu era muito jovem: tinha 36 anos. Mesmo assim, ele nunca interferiu em uma decisão minha: podia até achar que eu estava errado, mas ficava quieto. Respeitava absolutamente o que eu decidia.

Ele passou a atuar como engenheiro, fazendo o que gostava. Assumia os problemas que eu levava para ele. E nos estimulava a construir algo próprio na companhia — o que seria não mais o legado dele, mas o nosso, os Villares da geração seguinte.

Isso significa expandir o negócio, que chegava ao seu limite. Até então, a usina era em São Caetano do Sul, e tínhamos diversos planos de expansão. Um dia, acabou o terreno. Da janela do prédio da administração, o Niemeyer olhou para baixo e disse:

— Paulo, fiz isso aqui. Agora, você precisa triplicar.

E foi o que fiz, até muito mais!

> *Sou músico, mas penso na gestão, em como viver de música, influência dele: ter um negócio, prestar um serviço. Sempre ouvi meu pai se queixar do Brasil, dizer como é difícil investir e fazer negócios. Percebi que tinha muito forte também em mim a ideia de sustentar um negócio, não apenas para minha subsistência, mas para outras pessoas.*
>
> *Quando começamos a velejar, meu pai dizia que ficava admirado em ver como eu pesquisava navegação. E ensinava, em Ilhabela, a entender aonde a*

> *onda estava te levando; "vá para onde a onda leva", ele dizia, "não tente voltar para casa".*
>
> *Em 1987, dois anos depois da viagem do Rio de Janeiro ao Caribe com meu irmão Pedro, fomos para Fernando de Noronha, e o Amyr Klink desenhou uma rota pela ilha de Trindade. No caminho, quebrou o leme do barco à noite. Foram mais quatro dias até Trindade, uma mistura de calmaria com tempestade, velejando somente com uma cana de emergência. Foi uma experiência bem forte.*
>
> *Depois que tive filho, eu fiquei admirado de como ele nos deixava, como filhos, fazer aquelas coisas. É muito próprio dele o instinto de confiar: ele vê que você é capaz de fazer. É assim também com os netos: meu filho Pedro foi na escalada do Matterhorn e passou por várias coisas das quais só ficamos sabendo depois, apavorantes. Porém com meu pai aprendemos também a respeitar as dificuldades — seguir a onda, quando necessário.*
>
> ROBERTO CRUZ VILLARES, BETO

Um belo dia, no começo de 1972, apareceu para mim a oportunidade de comprar uma fazendinha de 70 alqueires, perto de Avaré. *Vou brincar de fazer*, pensei, *pois meu pai vive falando que gosta de terra mas não compra nada*!

Era perto do aeroporto da Usina Hidrelétrica do Rio Novo. Certo dia, meu pai deu um voo rasante sobre a fazenda. Fui buscá-lo na pista da hidrelétrica. Ele andou pela fazenda, olhou e disse:

— Puxa, à beira da represa, linda.

A primeira coisa que ele fez foi me dar de presente um cavalo árabe.

Passaram-se quinze dias daquela visita à fazendinha de Avaré, ele me chamou para conversar.

— Paulo, comprei uma fazenda de 2.700 alqueires, na região de Barretos. E todo mundo está dizendo que comprei a melhor fazenda do estado de São Paulo.

Como tinha me feito presidente da empresa, queria arrumar algo para se ocupar. Dei-lhe os parabéns. De vez em quando ele me falava o que estava fazendo. Pensei: *vai sobrar para mim.*

Não demorou muito. Dois anos depois, 1974, ele me disse:

— Paulo, você lembra de quando eu te falei que estava cansado do pessoal só vir me falar de planejamento, de orçamento, esse tipo de coisa, na empresa?

— Sim.

— Pois na fazenda é a mesma coisa. Não quero isso! Você tem que vir aqui assumir a administração disto.

— Mas vou ter que vender a minha fazendinha...

— Venda.

Ele continuou se distraindo, projetando tudo: porteira, sistema de distribuição de água, esse tipo de coisa. Introduziu o uso de arame liso nas cercas, algo que até então se usava apenas na Austrália. Era muito mais barato que o arame farpado, mas era preciso ver como fazia para o gado não passar. Depois, muita gente copiou.

Inventava o tempo inteiro. Criou um sistema de confinamento do gado, que chamou de Buracão, também o nome da fazenda. Quando eu ia, ele fazia questão de me mostrar o que estava fazendo.

Eu, que não entendia nada de fazenda, tive de administrá-la por 20 anos. Fim de semana, sexta-feira à tarde, ia para lá. O que me permitia cuidar da fazenda, além das empresas, foi poder ir de avião, algo que me divertia muito — caso contrário, não teria conseguido.

Na Buracão, tinha muita agricultura: milho, soja, laranja, até trigo. No começo era mais algodão, que fechei, porque exigia muito capital de giro. Quando meu pai comprou, a fazenda já tinha também cria, recria e engorda de gado nelore. Com o tempo, concluí que a terra era muito valiosa para fazer a cria.

— Pai, precisamos achar uma fazenda mais simples do que essa para fazer cria.

— Ache uma, então — ele disse. — Cuide disso, mas compre uma fazenda que seja tua. Não quero fazer mais nada, estou cansado.

Precisávamos de uma área mais extensiva e barata para fazer a engorda, a no máximo mil quilômetros de Barretos. Fiquei um ano e meio voando para achar essa fazenda — e comprei a Água Fria, no Tocantins. Tinha 23 mil hectares. Passei a fazer cria, recria e engorda lá. Deu super certo.

Meu pai usufruiu da Buracão por sete anos, até seu falecimento, em 1979. Vendemos a fazenda em 1994, porque a propriedade ficou dividida entre os herdeiros, eu administrava e os outros só me criticavam. Aquilo foi me cansando.

A outra fazenda, no Tocantins, era só minha. Eu não precisava da Buracão e ali não tinha sócios. Fiquei 40 anos com a Água Fria, que vendi em 2022.

Não era só na fazenda que eu tinha dificuldades para lidar com a família. Na empresa, tinha de administrar as questões familiares, misturadas ao negócio, o que me dava ainda mais trabalho que lidar com o mercado. Administrar uma empresa em que o poder é dividido é uma arte — e pode ser a chave, tanto para o sucesso, quanto para as maiores dores de cabeça.

> *Quando o Paulo começou a namorar minha mãe, logo após a separação dela, fez uma aproximação da família muito delicada, paciente, respeitosa, suave, o que foi muito importante. Gosta de conversar e sempre encontra uma área em comum, porque é uma pessoa cheia de interesses e paixões.*

Ele me fez gostar mais de relógios; procurar saber tudo sobre carros, barcos, aviões, fotografia, arte, metalurgia. E até a medicina. Em família, brincamos que ele é um médico informal: sempre tem uma receita pra tudo.

JOÃO RODRIGO OLIVEIRA SILVA

A Villares foi a primeira empresa brasileira a abrir seu capital, ainda nos anos 1950. Foi ideia do meu pai. Entendeu o mercado de capitais e quis crescer dessa forma, como uma fonte de recursos, na Bolsa de Valores de São Paulo. Deu muito certo. O incrível é que, em função de outras pessoas, já tínhamos noção de governança corporativa. Nem existia ainda esse termo, mas já compreendíamos o respeito devido ao acionista.

Depois da morte de meu pai, surgiram brigas muito feias, especialmente com meu ex-cunhado, que era advogado, e achava que, como sócios majoritários, podíamos fazer o que quiséssemos.

— José, não é assim não, é preciso respeitar o acionista minoritário — eu dizia.

Nossas divergências impregnaram a empresa. Mais tarde, quando eu fui presidente do Instituto Brasileiro de Governança Corporativa (IBGC), para mim ficou ainda mais clara a necessidade de respeitar o acionista minoritário.

O respeito valia também em relação aos funcionários. Quando eu era diretor de operações, o RH ficava com meu irmão Luiz. Na presidência, passei a supervisionar tudo. O pessoal de fábrica tinha o melhor tratamento possível. Eu não podia ainda nem imaginar que da Villares sairia um sindicalista que seria o presidente do Brasil, mas a história dele dentro da empresa mostra bem como ele já agia naquele tempo.

No governo do general João Figueiredo, entre 1979 e 1985, o cenário mudou. Havia certo estímulo aos sindicatos de trabalhadores, por parte do próprio patronato, que precisava de interlocutores qualificados para poder negociar com os funcionários.

Tínhamos essa noção de respeito e bem-estar dentro das empresas, o que fazia com que os funcionários não quisessem se sindicalizar. No início dos anos 1980, menos de 20% dos nossos cerca de 5 mil funcionários eram sindicalizados. O resto, não queria.

Apareceu então Luís Inácio da Silva, o Lula, que veio trabalhar na Villares, vindo de uma metalúrgica, a Independência, na qual perdeu um dedo num acidente de trabalho. Foi torneiro mecânico por cerca de cinco anos. Gostou da ideia de representar os trabalhadores e tornou-se presidente do sindicato. Como sindicalista, continuava ligado à empresa pelo contrato de trabalho, mas se dedicava exclusivamente ao sindicato. Em 1978, organizou a primeira greve no Brasil, após o regime militar.

Eu não o conhecia e fui lá para conversar com ele. Entrou na minha sala, onde eu o esperava, com outros diretores.

— Ô, Paulo!

— Muito prazer. O que vocês querem?

Ele me mostrou uma lista com dezenove itens, que eram suas reivindicações para acabar com a greve. Olhei a lista: número 1 já era algo resolvido, que a gente já atendia. Número 2 também. Li a lista inteira, a gente já fazia aquilo tudo. Não sobrou nada: zero. Nem entendi: tudo aquilo que ele pedia, a gente já estava fazendo. A reunião, por isso, foi rápida. Durou o quê? Dez minutos, talvez.

Ele ficou sem jeito.

— Bom, Paulo, não posso sair tão cedo e dizer que está tudo resolvido. Posso ficar aqui mais um tempo, e conversar?

— Tudo bem.

— Você podia me explicar por que é importante exportar para a economia do Brasil?

Comecei a explicar. A certa altura perguntei.

— Lula, qual é sua aspiração? O que você pretende?

— Eu quero ser o melhor líder sindical do Brasil. O Lech Walesa brasileiro.

— Muito bem.

Conversamos um pouco mais. Daí ele saiu. Foi para um corredor, no segundo andar, com um parapeito, que dava para o chão de fábrica, onde estavam esperando os funcionários. Fez um discurso — e começou a me xingar:

— Olha o que eu consegui! Esse cara é um fdp!

E foi daí para diante. Valorizando-se e vangloriando-se.

Fiquei indignado ao ouvi-lo, com vontade de nunca mais falar com ele. E não falei. Saiu da Villares alguns anos depois.

Eu era muito amigo dos presidentes da Volkswagen, Wolfgang Sauer, e da Mercedes Benz, Werner Lechner. Eles queriam que houvesse uma organização sindical de tal forma que realmente representasse os trabalhadores e pudesse manifestar as reivindicações de uma forma cordial, decente, civilizada. Achavam que o Lula podia ser essa pessoa. Alguém teria de investir no sentido de educar o Lula, de maneira a fazê-lo entender o que era o sindicalismo moderno. Decidiram mandá-lo para os Estados Unidos, para ver como funcionavam os sindicatos lá.

Essa era a visão daqueles empresários, da qual, apesar de não gostar do Lula, eu compartilhava. Eu era muito ingênuo. Eles achavam que, como líder sindical, não havia outro. Golbery do Couto e Silva, então ministro da Casa Civil, organizou uma viagem do Lula para conhecer os sindicatos nos Estados Unidos.

Alguns disseram que fui eu o responsável pelo fato de o Golbery ter chamado Lula para a viagem, para que ele se tornasse um líder sindical com o apoio do empresariado. Não é verdade. Eu tinha mais contato com o Golbery que o Werner e o Sauer, mas lembro apenas de ter nessa época ido a um churrasco, em uma chácara do Golbery, na saída de Brasília para Goiânia, e de ver Lula já por lá. O certo é que o governo concordava sobre a necessidade de haver um líder que pudesse dialogar bem com o sistema, de forma a controlar os sindicatos.

Começava ali o crescimento de um movimento social, com uma dose de ressentimento. Com o sindicalismo, surgiu também o Partido dos Trabalhadores, que se inspirava no Solidariedade, movimento na Polônia, liderado por outro ex-operário, Lech Walesa, que se tornou presidente polonês. Eu não sabia, até recentemente, mas o Walesa foi muito perseguido porque era um liberal. Chegou a ser preso por isso, uma vez que a Polônia vinha da antiga União Soviética. Não era um comunista, em hipótese nenhuma, pelo contrário, opunha-se justamente ao comunismo. De todo modo, o sindicalismo contribuiu para a melhoria da qualidade de vida dos trabalhadores, à qual sempre demos muita atenção, com apoio do empresariado, que sempre agiu de maneira coordenada nas questões coletivas e também no interesse da gestão, o que me levou a conhecer de perto uma série de outras empresas.

Além da proposta de substituir equipamentos importados e com o desenvolvimento do Brasil, a Villares sempre teve uma preocupação humana muito grande. Na década de 1940, Luiz Villares criou um sistema de saúde pioneiro para ser utilizado por funcionários e suas famílias, que no seu pico atendeu 27 mil vidas. Na década de 1990, Paulo implantou um plano de previdência privada também pioneiro, num modelo novo, que escapava a sistemas como o das estatais, que estabeleciam um benefício fixo após a saída da empresa, mas não funcionavam porque não se podia prever o resultado das aplicações financeiras no futuro. Com a ajuda de um consultor, André Montini, foi feito um plano de contribuições definidas, com um valor do benefício calculado na saída, e que estimulava os funcionários a continuar colaborando, uma vez que a contribuição da empresa aumentava com o tempo de trabalho. Quando a empresa foi desmembrada, esse sistema foi comprado pelo Bradesco Previdência, que passou a administrá-lo.

FERNANDO HILSENBECK

Para mim, sempre foi muito importante o círculo de relacionamento. Ao longo da minha carreira, participei de 26 conselhos de administração e outros organismos consultivos, além do conselho da própria Villares. Essas posições foram importantes, especialmente a do conselho da IBM, no qual eu passei mais tempo, convidado pela empresa, e remunerado.

No início dos anos 1990, quando eu estava em Nova York com a família, um dos presidentes da IBM no mundo, responsável pelo Oriente e países da América Latina, veio tomar café comigo e conversar no quarto do hotel. A IBM então era a mais importante e poderosa empresa de tecnologia do mundo.

— Queremos que você entre para o conselho internacional da empresa — ele me disse.

— Mas eu não posso! — respondi. — Dirijo uma empresa no Brasil; com todas as minhas responsabilidades, como vou participar?

— Não tem problema — ele disse. — São sete reuniões ao ano. Você pode tomar o avião no domingo à noite. Nós te pegamos no aeroporto, você toma banho no hotel, a reunião começa às dez da manhã em ponto e termina meio-dia. Você então faz o que quiser no resto do dia, dorme no avião e terça-feira está no seu escritório.

Caramba, pensei. Se eles estavam dispostos a pagar passagem de primeira classe e mais uma boa remuneração

— e não era pouco — para que eu fosse para lá, é porque era algo importante. Assim foi: fiquei dez anos como conselheiro da IBM, em contato com vários membros da empresa.

Para eles, era importante ter um interlocutor no Brasil. Fui convidado para muitos cursos e palestras, conheci bastante gente. Numa dessas reuniões, logo depois que foi anunciada no Brasil a Política Nacional de Informática, que passou a vigorar por meio de uma lei aprovada no Congresso em outubro de 1984, eles me perguntaram se eu estava disposto a fazer um curso sobre esse assunto.

Formulada dentro do pensamento estratégico do governo militar, a política de informática procurava estimular a produção nacional de computadores. A implantação da Zona Franca de Manaus foi um caso muito evidente de nossos equívocos, sobretudo quanto à falta de uma política industrial correta. A política de informática tirou do Brasil a oportunidade do desenvolvimento tecnológico. Se era para estimular a economia de Manaus, a Zona Franca deveria ter sido um grande centro de exportação, e não de importação de produtos. O certo, a meu ver, seria importar os produtos necessários, com isenção fiscal, para reexportar. Porém importar com isenção fiscal para vender no mercado brasileiro foi matar a indústria nacional. Não foram criadas condições para competir no mercado internacionalizado. O governo ainda hoje continua matando a economia brasileira, porque não entende o que é política industrial.

Na IBM, diziam-me que, para eles, de qualquer jeito continuariam a fazer negócios, exportar, ganhar dinheiro no Brasil. Contudo, achavam importante sabermos o que é política industrial, porque achavam que estávamos cometendo um erro com a política da informática.

Trouxeram professores de Harvard e do MIT para me dar aulas no hotel Plaza, em Nova York. Só para mim. Mostravam o que era a política de informática anunciada pelo governo e suas consequências para o futuro do Brasil. Previam que o país ficaria atrasado — e ficou. Já havia dados claros desse atraso. Seria importante eu saber e disseminar essas ideias no meio empresarial brasileiro.

Manaus é um caso à parte de tão sério, de tão grave. Havia um discurso de que a Zona Franca permitia a substituição de importações. Porém era só uma fachada. As empresas nacionais de informática importavam componentes e montavam os produtos na Zona Franca para vendê-los no mercado interno com benefício fiscal. Não produziam nada, não desenvolviam tecnologia e ainda impediam o desenvolvimento da indústria nacional nesse segmento importante.

A política de substituição de importações vinha do início dos governos militares. Convidei um dia o Pratini de Moraes, que foi ministro da Indústria e Comércio entre 1970 e 1974, para falar com empresários. Ele dizia que o Brasil era *chasse gardée* — em francês, caça guardada — para brasileiros, expressão que usava muito. E esse era justamente o grande erro.

A indústria brasileira de informática, supostamente protecionista, acabou não sendo competitiva. Era o exemplo mais acabado do que não se deve fazer. Claramente, faltava essa visão não apenas aos governantes, como sobretudo aos próprios empresários.

Graças à IBM eu era frequentemente convidado para falar em eventos empresariais. Por conta dessa experiência, comecei a me interessar mais profundamente por política industrial, mas tinha dificuldade de achar no Brasil um economista que quisesse estudar o assunto. Política industrial era como um palavrão. Meus colegas no Instituto Liberal rejeitavam a ideia de a economia ser organizada a partir do governo.

— Imagina, Paulo — diziam. — O governo não tem de se meter na política industrial.

Lembro de um evento no Clube Nacional, para o qual estavam também convidadas as esposas. Um lugar meio escuro, barulhento. Fiz meu discurso. No final, ouvi algumas palmas. Procurei falar com uma linguagem clara e de fácil entendimento para todos. Porém se tratava de um assunto que não "interessava".

Meus colegas empresários, na maioria, só queriam ir para Brasília conseguir as coisas lá para si, e não fazer o que era importante para o país, buscando progresso para todos.

Os empresários brasileiros podiam não querer falar de política industrial, mas o mundo inteiro falava e ainda fala disso. Outros países criam condições para certos setores ou empresas evoluírem e perdemos espaço por isso. Sem fazer nada, ficamos fora do mundo. Por isso, a política industrial é algo definido pelo governo, embora conversando com setores econômicos privados, que pensam no conjunto. No Brasil, dois ou três se sentavam com o ministro da Fazenda, Delfim Netto, e decidiam tudo ali, em seu próprio benefício. Até hoje é quase assim. Quanto mais nebuloso o processo de decisão, melhor para alguns se beneficiarem.

Eu achava que devia propor aos meus amigos a criação de uma organização para contribuir com políticas que beneficiassem a todos. Devíamos ter um instituto sério para estudos de política industrial. Não podia ter esse nome, proibido pelos liberais radicais, mas era algo que eu achava necessário.

Fui conversar com o Claudio Bardella, da Bardella, uma indústria de bens de capital, e com o Eugênio Staub, da Gradiente, que era uma jovem liderança empresarial. Eles me disseram que tinham acabado de voltar de Brasília, onde tinham combinado de fundar o Instituto de Estudos de Desenvolvimento Industrial, o IEDI.

— Você não quer se juntar a nós?

O nome era parecido com o que eu pensava. Criar um outro instituto concorrente seria complicado. Eles se adiantaram — e concordei. Porém comecei a me decepcionar, porque o IEDI, criado em 1989, não estava levando a sério o que tem de ser a política industrial. Era muito mais um trampolim do pessoal para conversar em Brasília. Estava escudado pela ideia de que certos setores, especialmente os de seus criadores, precisavam de proteção. Com o tempo, o IEDI ficou sendo conhecido como "Instituto dos Chorões", porque só reclamava, não propunha.

Eu defendia a criação de uma política industrial ampla, até pela necessidade de nos defendermos de outros países com políticas industriais que podiam nos prejudicar. Eu, no setor siderúrgico, nunca precisei de proteção. Elevadores Atlas precisavam de proteção? Não. Tínhamos tecnologia e competitividade. O que estava na cabeça dos governantes daquele tempo era dar proteção. Era isso que os "bagrinhos" iam pedir em Brasília.

O Staub, muito meu amigo, tinha uma empresa que se dizia de informática, instalada na Zona Franca, mas que não produzia absolutamente nada. Quando fui visitar a fábrica dele em Manaus, comecei a entender aquilo lá. Ele dizia que fazia aparelhos de som, que porém nada mais eram do que uma caixa de madeira para os alto-falantes, todas as peças importadas. Vendia o aparelho com a marca Gradiente. Nunca teve indústria: era apenas um comércio.

Certos industriais induziram esse arremedo de política industrial, baseada no protecionismo, e pouco no desenvolvimento próprio, que não tinha incentivo algum, pelo contrário. Eu mesmo senti a dificuldade de entrar na área de informática. Fomos os primeiros no Brasil a produzir o computador pequenininho para colocar no barco do Amyr Klink, que, como viajava sozinho, usava tecnologia muitas vezes inovadora para poder realizar seus projetos de exploração.

Começamos a pensar em produzir computador na área industrial e usá-lo para outras coisas. Fiz acordo com um fornecedor de tecnologia para poder fazê-los. Pedi licença ao governo para fazer os computadores, que seriam usados inicialmente na nossa administração. Disseram que não podia fazer computador para uso geral, só industrial.

O Olavo Setúbal, do Itaú, que tinha sido um dos pioneiros nessa área, com a criação da Itautec, utilizada para a informatização das suas agências, numa era de grandes mudanças de todo o sistema bancário, me chamou.

— Paulo, você não pode fazer isso!

— Não posso por quê?

— Porque não pode, é a lei!

Não podia, mas fiz. O Setúbal estava completamente convencido de que a proteção desse mercado era somente para ele. E o negócio dele era tão grande que era mesmo difícil competir. Gastou uma fortuna na Itautec, que foi um desastre.

Antevi futuros problemas. No tempo da política de substituição de importações, era muito fácil trabalhar, porque, quem detinha a tecnologia, não tinha outra hipótese senão cedê-la a uma empresa brasileira. Na medida em que o mercado se abria, porém, qualquer um podia entrar no Brasil com essa tecnologia e fazer o mesmo, sem depender de ninguém.

Isso acabou com toda uma geração de empresas brasileiras, construída na era anterior, que, em vez de se aperfeiçoar e avançar no mercado internacionalizado, sem ter tecnologia própria, foi desaparecendo.

A proteção que o governo brasileiro dava servia para garantir a produção nacional sem concorrência externa. Uma vez definido como produto prioritário, era proibida a importação. Porém o que se fazia apenas era importar com facilidade fiscal para montar e revender no Brasil. Não se procurava estimular a tecnologia, criar condições para competir com outros países, de forma que, quando a proteção acabasse, houvesse uma produção nacional competitiva.

Um bom exemplo de política industrial nesse sentido foi o da Espanha, ao tempo do Felipe González, primeiro-ministro entre 1982 e 1996. Ele precisava desenvolver a indústria espanhola, que não era competitiva, para a entrada no mercado comum europeu. Deu uma proteção aos empresários espanhóis, com um prazo determinado de cinco anos; a cada ano, a proteção iria diminuindo. Perguntou que ajuda os empresários precisavam para esse desafio. E o que eles precisavam, basicamente, era de financiamento para desenvolvimento da tecnologia, com institutos de pesquisa, entre outros meios.

Muito antes de cinco anos, os empresários espanhóis voltaram ao governo para dizer que já não precisavam de proteção. Outro bom exemplo foi o da Coreia. Quando lá estive jantando com o Ministro do Planejamento, ele me explicou que para uma indústria ter proteção precisava se comprometer a exportar. A indústria têxtil, por exemplo, tinha se tornado supercompetitiva. Isso, tão simples e básico, nunca aconteceu no Brasil. No nosso caso, quando não foi mais possível segurar a proteção, a indústria nacional estava muito atrasada em relação ao mundo. Sem essa preparação não havia mais como competir.

Essa geração do capitalismo brasileiro acabou se perdendo. Em vez de decolar, o Brasil submergiu. Deixamos de aproveitar uma grande oportunidade de dar um salto de desenvolvimento.

Essa é a minha experiência. Das minhas empresas, ficaram e continuaram super bem aquelas em que detínhamos tecnologia — elevadores e aços especiais, nas quais tínhamos laboratórios de desenvolvimento tecnológico próprio. Em aços, exportávamos sempre 60% da produção. Tínhamos de ser competitivos.

É o que funciona bem, ainda mais na era da internacionalização. A política de informática e a Zona Franca de Manaus são grandes responsáveis pelo nosso atraso, mas o nosso problema maior, que está por trás desse fracasso, é o da mentalidade.

Toda a trajetória da Villares sempre carregou a visão do Luiz Villares de contribuição para o desenvolvimento industrial do Brasil, que Paulo encampou na sua gestão. A Villares sempre teve também uma preocupação muito grande com a tecnologia usada no produto, por meio de acordos tecnológicos e de assistência técnica, ou trazendo profissionais do exterior para acelerar o processo de autocapacitação. Luiz e depois Paulo também se destacaram no meio empresarial brasileiro pela postura ética: a inexistência de politicagem, inclusive internamente. Membros da família tinham de provar ainda mais capacidade que outros profissionais para merecer um cargo.

FERNANDO HILSENBECK

III

Somos executores

QUANDO JUNTAMOS OS SONHOS, FAZEMOS O EXERCÍCIO DE IMAGINAR QUEM SOMOS HOJE E QUAL A DISTÂNCIA PARA AQUILO QUE QUEREMOS.

Em São Caetano, a empresa já nasceu grande. Tinha de servir à indústria de uma forma geral, incluindo a automobilística. Não podia ter a dimensão daquele fundo de fábrica quando ficava no Cambuci, junto dos Elevadores. Antes mesmo de eu me formar, meu pai e o Niemeyer foram investindo modestamente, devagar, mas a fábrica já era dez vezes maior, em área, que a dos Elevadores. O faturamento também passou a ser bem maior.

Quando meu pai projetou o fundo de fábrica para fazer peças fundidas e forjadas, tudo que precisava ser feito e não se podia importar era produzido lá. Precisava de ponte rolante? Então fazíamos. Essa fabricação de equipamentos, que começou com pontes rolantes, passou também a ficar muito grande. Surgiu a Equipamentos Villares, em São Bernardo do Campo. Como fazíamos esses equipamentos para nós, podíamos também vendê-los no mercado.

Uma coisa puxa a outra. De ponte rolante, Equipamentos Villares passou a fazer uma quantidade enorme de produtos, como escavadeiras. Surgiu também outro negócio importante, derivado deste: produzíamos a parte de baixo — os *trucks* — dos trens do Metrô de São Paulo. Fazíamos também outras partes: as rodas, o motor elétrico e o controle.

Era um grande avanço, mas ainda muito pouco perto da expansão que houve a seguir, por conta de um aperto de mãos. Na inauguração da linha Norte-Sul do Metrô de São Paulo, algo muito importante por ser a primeira não só da cidade como do Brasil, o presidente da República, Ernesto Geisel, veio para a cerimônia, em 14 de setembro de 1974. Não nos conhecíamos pessoalmente, mas ele sabia que fabricávamos componentes importantes dos trens do metrô e naquele dia, na estação Jabaquara, no meio das pessoas, me chamou para conversar.

— Senhor Villares, queria saber uma coisa. O senhor está no ramo de bens de capital, não?

— Sim, senhor.

— O senhor sabe qual o maior item de importação do Brasil hoje?

— Petróleo?

— Não, senhor. É carvão, para as usinas de aço. Sabe qual o segundo maior item de importação?

— Também não.

— Bens de capital. O senhor tem uma empresa do ramo. Precisamos de uma indústria grande de bens de capital. Quero saber quais são os planos que o senhor tem de expansão para a sua empresa.

— Olha, são planos muito audaciosos — respondi. — Pretendemos, nos próximos anos, investir 10 milhões de dólares.

— Só isso?

— Presidente, como uma empresa de bens de capital por encomenda, o senhor sabe que a gente só investe quando tem encomenda. Senão, vamos investir para entregar a quem?

— Me dê aqui a sua mão.

Apertamos as mãos.

— Quero que os senhores invistam 100 milhões de dólares, dez vezes mais. Garanto que terá as encomendas. Converse com Marcos Vianna no BNDE.

O Banco Nacional de Desenvolvimento era o órgão do governo para fomento de investimentos da iniciativa privada — somente mais tarde ganhou o S, do "Desenvolvimento Social", BNDES. Com dinheiro, poderíamos realizar projetos inteiramente novos, mas isso requeria planejamento, além daquela garantia do governo. Para dimensionar o tamanho do mercado, e do próprio negócio, que consistia sobretudo no primeiro momento em atender ao governo federal, tínhamos de nos basear no segundo Plano Nacional de Desenvolvimento (PND), que estabelecia o que o Brasil precisava.

Fui chamado a conversar com o João Paulo dos Reis Velloso, ministro do Planejamento, que conheci em Brasília, numa daquelas casinhas onde ficavam os ministérios, no tempo em que a esplanada ainda se encontrava em construção. Fizemos uma amizade muito grande. O segundo PND previa uma substituição grande de importações. E havia projetos ainda mais ousados.

O que o Geisel queria, com os investimentos feitos com fomento do BNDE, é que pudéssemos fazer não apenas algumas máquinas, mas os produtos acabados para os grandes projetos, a começar por Itaipu, uma das grandes iniciativas do governo. Na divisa com o Paraguai, seria na época a maior usina hidrelétrica do mundo.

No caso de Itaipu, era preciso fazer os rotores das turbinas, que rodam com a passagem da água e assim geram a energia elétrica. Eram peças enormes, pesando mais de 250 toneladas cada. Os vertedouros, por onde a água desce da represa para regular o nível do reservatório, também são peças gigantescas, de forma côncava. As hastes que os seguram para fazê-los subir e descer, são de uma responsabilidade incrível. Se quebrar uma haste dessas, o vertedouro fica aberto e deságua a represa inteira.

Naquela época, o ministro das Minas e Energia, Shigeaki Ueki, fez o acordo nuclear com a Alemanha, para a implantação de usinas termonucleares no Brasil — plano que o governo militar considerava estratégico. Ueki veio a São Paulo para mostrar o grande plano num evento promovido no Clube Nacional, no Pacaembu, em São Paulo.

A Alemanha daria tecnologia para produzir no Brasil oito usinas nucleares. No dia seguinte, saiu no jornal uma charge minha ao lado dele, tocando violino, sugerindo que aquilo que o ministro tinha falado soava como música para mim.

Era mesmo. Concluímos que, com a Brown Boveri, fabricantes de turbinas a vapor, podíamos fazer no Brasil a usina praticamente inteira, com duas exceções: o reator, onde estava a tecnologia alemã, e a sua carcaça, uma peça de aço que faz parte da sua blindagem. Vianna, do BNDES, disse que o financiamento para tudo dependia de fazermos essa carcaça.

Para fazer peças muito grandes para a indústria mecânica, tínhamos de partir de lingotes igualmente grandes. Os fornos elétricos para essas peças grandes precisavam ser também muito grandes. A peça de aço para a carcaça do reator nuclear pesava duzentas toneladas. Para fazê-la, precisávamos de dois fornos elétricos de 100 toneladas cada, além de capacidade para fundir essas peças grandes. Depois de entregar a peça para a carcaça do reator, ia sobrar muita capacidade de forno, porque aquelas peças não eram feitas todo dia. Pensei: ótimo, depois vamos poder fazer aqueles aços para a indústria automobilística em grande escala e seremos muito competitivos.

Na época, não havia ninguém com capacidade de produzir tais peças. Era a oportunidade de fazer algo maior, com base primeiro numa grande fundição e uma grande forjaria. No aperto de mão, Geisel não me ameaçou diretamente, mas indiretamente fiquei sabendo que, se a Villares não o atendesse, o governo faria tudo na Usiminas.

Chegaram a me mostrar uma planta, dentro das suas instalações, em Ipatinga, onde seria implantada a forjaria e uma grande fábrica de equipamentos. Coisa maluca, um investimento que jamais teria retorno do jeito que iriam fazer, mas um motivo a mais para fazer o que fizemos.

Em 1975, fui chamado pelo BNDE. Vianna confirmou estar disposto a nos apoiar. Disse que o banco não tinha competência para julgar a viabilidade daquele tipo de projeto, porque era um negócio que não existia no Brasil. Perguntei quem podia fazer isso. Indicaram o International Financial Corporation, uma entidade criada pelo Banco Mundial para dar suporte a empresas que precisam de capital para investimento. Nós já o conhecíamos de dois projetos anteriores, um deles em 1956. O IFC tinha sido investidor em Aços Villares e financiado diretamente a empresa em uma de suas primeiras transações no Brasil, que foi muito bem-sucedida. Portanto, tinha experiência conosco. Vianna disse que, se o IFC aprovasse nossa proposta, entrando no projeto, eles também a endossariam.

Parti do princípio de que, para fazer peças de porte muito grande, precisávamos dar utilização àquela capacidade de produção que ficaria disponível depois das entregas ao governo. Acreditava que poderíamos ser de novo competitivos e usar essa capacidade de maneira a fornecer aço para a indústria mecânica, sobretudo a automobilística. Precisávamos, no entanto, de ajuda para montar o projeto com os equipamentos necessários, e fazer os respectivos estudos de viabilidade.

Precisávamos de capacidade para fazer as peças brutas, em barras ou peças fundidas, redondas e laminadas, muito compridas, que vêm em bobinas. E de fornos grandes, para fazer grandes peças forjadas e também grandes peças fundidas. Para aprovar o projeto, o IFC nos recomendou procurar a consultoria do Nicolas Hayek, que se tornou grande amigo meu. Ele era um crânio. Tinha sido o primeiro a projetar e produzir relógios a quartzo com a marca Swatch, incluindo os modelos mais básicos e baratos. Com isso, quebrou a indústria relojoeira no mundo — e depois comprou as empresas quebradas. Tornou-se assim dono da Omega e da maioria das suas empresas subsidiárias, como a Longines e a Tissot. E tinha um escritório de engenharia com um conceito muito alto.

Hayek fez o projeto, com um estudo de viabilidade. Era um trabalho grande e exaustivo, uma pilha de papel com três palmos de altura. O primeiro que leu tudo, entendeu e resumiu foi o Fernando Hilsenbeck, diretor da nossa área de administração e planejamento. Voltamos com aquele trabalho ao IFC para obter apoio. Ao aprovar um projeto, eles não davam empréstimo: entravam com dinheiro como uma subscrição de capital. Depois que o empreendimento se desenvolvia, vendiam sua participação.

Resposta deles: não podemos apoiar. Disseram, só nesse ponto, que já tinham feito outros projetos com Villares e que queriam destinar os fundos a outras empresas. Eu disse que não fazia sentido, não me conformei. Perguntei com quem precisava falar no banco para reverter aquela decisão. Com o próprio presidente do Banco Mundial, responderam, na época o ex-secretário de defesa do governo americano, Robert McNamara.

Com a ajuda do secretário brasileiro no Banco Mundial, Alexandre Kafka, consegui marcar a reunião. Era um janeiro muito frio quando fui a Washington. Ao entrar no IFC, passei por uma sala onde vi um bolo. Perguntei o que era.

— Metade de nós acha que você não vai conseguir. Outra metade acha que vai conseguir. Quem vencer, come o bolo.

— Ah, que bom — eu disse. — Então vou comer bolo de qualquer jeito.

Entrei na sala com o McNamara. Aconteceu então o que chamei de "luta de nove *rounds*", como no boxe. No primeiro *round,* ele já quis me mandar para as cordas: disse que não podia participar do novo projeto, porque já tinham entrado nos últimos e precisavam olhar para outras empresas, diversificar. Argumentei que o fato de eles terem participado mais de uma vez significava que éramos uma empresa na qual já tinham confiado, e com sucesso. Éramos, portanto, um bom cliente. Perguntei se os fundos eram tão limitados que eles não pudessem entrar em um negócio capaz de render ainda mais dinheiro, como os anteriores. Sempre tinham feito bons negócios conosco. E assim seria, com a nossa nova usina.

Assim foi indo. O último *round*, ganhei por nocaute. O projeto tinha então um orçamento de 400 milhões de dólares. Eu pedia uma participação deles no financiamento de cerca de 60 milhões de dólares.

— Quarenta milhões servem? — ele perguntou, afinal.

— Servem.

Ele me estendeu a mão e concordou com tudo o mais.

O dinheiro era relativamente pouco, mas aquele episódio mostrava minha determinação. Além disso, o aval deles era muito importante, pois viabilizava também o sinal verde para os recursos do BNDE e de outros bancos, como o Chase.

Começamos assim a compor o capital necessário para fazer a companhia. Na hora de assinar o contrato do financiamento do BNDE, que representava 25% do total de que precisávamos, e apareceu aquele monte de documentos, meu então ex-cunhado, José Guimarães, recusou-se a assinar.

— Não assino, seu pai não tem que assinar, é coisa muito grande, a gente não tem como gerir isso — ele me disse. — Precisamos ir devagarinho, investindo menos.

Ficou naquele impasse até que um dia meu pai disse a ele:

— Zé, assina aí, vai.

Meu pai dizia que tudo o que existia ele que havia plantado, e apoiava o investimento no Vale do Paraíba e em Araraquara.

— Agora, vocês têm que plantar alguma coisa para ser algo de vocês. Vai ser a base de uma nova indústria. Terão esse sentimento de que criaram alguma coisa.

Havia uma cláusula que pedia bens da família como garantia dos recursos que seriam aportados pelo BNDES-par. Ninguém queria fazer um projeto como aquele sem o aval pessoal dos sócios majoritários. Consegui que mudassem o aval das pessoas físicas para o das Indústrias Villares.

Quando surgiu o projeto de financiamento do BNDES, havia uma outra cláusula para nós também inaceitável. O Brasil já estava num ritmo de inflação bastante alto. Meu ex-cunhado levantou essa questão — teve esse mérito.

— Assinar isso, com a inflação do jeito que vai, será uma loucura — ele disse. — A correção mais os juros fica algo imprevisível.

Fui ao Mário Henrique Simonsen para resolver esse problema. De forma a incentivar investimentos, não só os nossos, mas de todo mundo, ele propôs uma taxa limite de juros, que com a correção monetária chegava a no máximo 20% ao ano. Não era pouco, mas era algo que viabilizava o planejamento. O BNDES foi muito criticado: dizia-se que aquilo era calote. Porém foi a condição para viabilizar não só o nosso projeto, o primeiro a ser assim, como outros.

A inflação disparou — e aquele gatilho tornou o empréstimo vantajoso, o que beneficiou não apenas a nós, como a todos os tomadores de empréstimo da indústria. Isso nos permitiu dar um grande salto — e, ao Brasil, também.

> *Fui para a Villares após fazer um MBA em Stanford, por meio do escritório da empresa nos Estados Unidos, em 1974, e tive a sorte de pegar a grande expansão realizada a partir de então. O presidente Geisel tinha um projeto que chamávamos de "Brasil Grande" e ele dizia o que os empresários precisavam fazer e que ele apoiaria nessa direção.*
>
> *A Villares tinha limitações para crescer na sua fábrica de São Caetano do Sul, que ficava ao lado de uma linha de trem, sem espaço para uma expansão. Paulo levou adiante então o projeto da Villares Indústria de Base, Vibasa, em Pindamonhangaba, que multiplicava o empreendimento: Aços Villares era uma empresa que valia 100 milhões de dólares em dinheiro da época, e o investimento na Vibasa previsto inicialmente era de 400 milhões de dólares. Com o tempo, pelo entendimento também do governo de que o Brasil precisava fortalecer sua indústria*

de capital, fez também a fábrica da Villares Equipamentos, em Araraquara, que fazia produtos acabados, um investimento de outros 100 milhões de dólares; com as demandas que surgiram, o grupo como um todo, chegou ao final da década de 1970 com um investimento de 600 milhões de dólares. A empresa de elevadores era muito forte, detendo de 40% a 50% do mercado, um caixa permanente devido à receita com a manutenção dos elevadores, mas era um esforço de investimento tremendo, numa época em que o Brasil não tinha um sistema financeiro sólido, principalmente com financiamentos de longo prazo. Era projeto financiado, altamente alavancado, portanto de alto risco, que demandava levantar recursos no exterior. O BNDES entraria com 30% do valor total, a juros de 6% ao ano, mas não havia como ter certeza do cenário econômico. O Geisel então baixou uma regra que beneficiou não apenas a Villares como todo o mercado, limitando os juros mais a correção monetária em no máximo 20% ao ano.

O restante do investimento tinha de vir de capital próprio, que a Villares também não tinha. Precisávamos de mais dinheiro. No Brasil, não havia financiamentos internos de longo prazo. Estudamos fazer o financiamento externo, para pagamento

> *em dólar, em mais de dez anos — pelos critérios da época, nesse caso não se pagava Imposto de Renda sobre os juros remetidos ao exterior.*
>
> *Ainda assim, era um passo de alto risco, que exigia um tremendo esforço financeiro.*
>
> RUY SOUZA E SILVA

Indústria Villares de Base S.A. (Vibasa) foi o nome que escolhemos para a usina com a qual pretendíamos ter capacidade de produzir peças forjadas e fundidas gigantes. Para se ter uma ideia do tamanho da indústria, as fundações para a construção da prensa de oito mil toneladas equivalem à construção subterrânea de um prédio de quinze andares. Atenderia aquela demanda que, segundo o Geisel, substituiria um item prioritário na pauta de importações. E também nos permitiria crescer, no futuro, em outros mercados.

Para fazer peças como as de Itaipu, com centenas de toneladas, precisávamos fabricar o aço líquido em quantidade suficiente para chegar no volume que queríamos. Partimos para a ideia de ter fornos de 100 toneladas, para fazer peças brutas fundidas de 200 toneladas. Como teríamos uma capacidade de fusão de sucata muito grande, era preciso pensar também o que faríamos depois com os fornos.

Daí surgiu uma oportunidade: produzir aços especiais longos, usados basicamente pela indústria mecânica, especialmente a automobilística, em quantidade suficiente para sermos econômicos e, portanto, competitivos. Na fábrica de São Caetano, que tinha fornos de 20 toneladas para atender a indústria a partir dos anos 1950, com o tempo a demanda tinha crescido. Por essa limitação, São Caetano não era mais competitiva. Não havia mais espaço inclusive físico para crescer, pois a fábrica tinha se expandido até o limite entre outra fábrica, um rio e uma ferrovia. Uma fábrica nova, além de maior, em um espaço maior, tinha de ser competitiva desde o começo. Se precisávamos de reserva de mercado, devia ser temporária, e não definitiva, como ocorre no Brasil até hoje. Eu pensava que, para ser competitivo, no caso dos aços especiais para indústria mecânica, eu tinha de produzir em volume. Na usina nova, tínhamos a oportunidade de sermos competitivos até mesmo para eventualmente exportar.

Foi com base nesse princípio que construímos a Vibasa. Desenhamos outras partes da fábrica para fazer barras destinadas à indústria automobilística, que acabariam ocupando 90% da capacidade de fundição instalada no final, depois da produção das peças grandes.

Naquela época, só podíamos investir com aprovação do governo. E para isso tínhamos de cumprir exigências. Mandamos o projeto da empresa ao Conselho de Siderurgia, o Consider, na gestão do ministro Severo Gomes, da Indústria e Comércio, dono de uma fábrica de tecidos em São

José dos Campos. A aprovação que veio do Conselho, como licença para a construção da fábrica, impunha como condição que não podíamos exportar mais que 10% da produção.

Para escolher o lugar para fazer aquela fábrica nova, fora de São Caetano, andei pesquisando por muitos lugares. Naquela época, o prefeito de Pindamonhangaba, no Vale do Paraíba, em São Paulo, era Geraldo Alckmin — futuro governador de São Paulo e vice-presidente da República. Ele soube o que eu estava fazendo e veio falar comigo.

— O senhor está procurando uma área para construir uma fábrica? Olha, eu tenho esta aqui, em Pindamonhangaba, cidade que o senhor já conhece. Quero dizer que vou dar todo o apoio que o senhor precisar para fazer a fábrica no município. Há 20 razões para o senhor fazer essa fábrica lá.

— Puxa, senhor prefeito, e quais são as 20 razões?

— A primeira é que não existe nenhuma fábrica lá. E as outras dezenove são consequência da primeira.

Quando encontro com ele, sempre lembramos dessa história. Gostei do prefeito — e decidimos colocar a fábrica lá.

> *Houve momentos muito delicados na empresa quando ela se endividou muito para construir a Vibasa, em Pindamonhangaba. Eu me lembro de meu pai dizer em casa que estávamos contraindo uma dívida importante, algo que afetava a vida de todos nós. Nos momentos de mudança de governo,*

de plano econômico, hiperinflação, estourava uma crise e ele tinha de ir embora quando a gente estava de férias, em família; isso aconteceu mais de uma vez. Às vezes dava uma aula sobre política industrial, sobre o Brasil; a empresa e o Brasil eram uma coisa só, e aquilo fazia parte da nossa vida.

CECÍLIA CRUZ VILLARES

Conversávamos com o BNDES e o projeto ia aumentando de tamanho — e ficando mais caro. Em Pindamonhangaba, acabamos investindo 500 milhões de dólares, em dinheiro da época. Para montar as peças nas dimensões que o governo queria, era preciso uma nova fábrica, enorme, de bens sob encomenda, que fizemos em Araraquara, porque em São Bernardo do Campo não dava. Lá, investiríamos mais 100 milhões. No total, o projeto acabou custando 600 milhões, que, em dinheiro de hoje, seriam alguns bilhões de reais. Chegaríamos a fabricar até motores de navio, uma máquina do tamanho de um edifício na horizontal.

Para obter aqueles recursos adicionais, não dava para fazer um outro financiamento, além do que já estava em vigor, mas encontrou-se outra solução. O Delfim Netto inventou então o BNDESpar, o banco de participações, que passou a funcionar como a própria IFC: em vez de fazer um empréstimo, entrava como uma participação no capital, que poderia vender depois. Tanto para o IFC quanto para o BNDESpar, seria um ótimo negócio.

As peças forjadas e fundidas eram feitas em Pindamonhangaba e seguiam para finalização na outra fábrica, de Araraquara. Fizemos a peças de Itaipu, um trabalho monumental. Visitei a usina para ver as turbinas já em funcionamento como um turista, nem sabiam lá quem eu era. Você podia colocar o dedo no eixo da turbina, uma peça com um diâmetro de dois metros. Fornecemos os rotores, as hastes para os vertedouros e também as gruas que ficam em cima da represa. Quem visita a hidrelétrica, vê a marca da Villares em toda parte.

Nem tudo, porém, saiu como o esperado. O efeito daquele aperto de mão com o Geisel, em sua maior parte, para nós, não aconteceu.

◇◇◇

Existia a convicção entre nós, empresários, de que tinha de haver uma abertura, ou algo como a distensão política, para permitir uma reforma na economia. O regime tinha envelhecido, a economia estava engessada, havia um controle excessivo: tudo dependia do governo.

Sofríamos com a centralização. Em Equipamentos, tínhamos ganhado uma concorrência gigantesca de laminadores para a usina estatal de Tubarão. Ganhamos, mas não levamos por conjunturas políticas... Eu fui a Brasília conversar com a chefia da Siderbrás. Expliquei a situação, disse que ganhamos a concorrência em termos técnicos e de valor.

— Temos de concluir isso, porque senão terei de fechar a Equipamentos — eu disse.

— Então fecha — ele disse.

O projeto das usinas termonucleares também foi uma frustração. Fui à Suíça mais de uma vez conversar com a Brown Boveri para elaborar nossa proposta conjunta. Eles sabiam fazer boas apresentações — bonitas, bem encadernadas — e fizeram um trabalho primoroso. Pedi para conversar com o pessoal da Nuclebrás, no Rio de Janeiro.

Cheguei todo contente. Porém, ao entrar, encontrei mapas onde se marcavam os equipamentos.

— Tudo o que está aqui em vermelho será importado — me disseram.

De nada adiantou dizermos que podíamos fazer tudo no Brasil. Para nós, não sobrava nada. Foi uma ducha de água fria.

Soube depois que Ueki havia estado com Geisel e disse que o governo não podia ficar na mão de um grupo privado que produziria a usina inteira. Então sugeriu fazer a Nuclep, fábrica muito pesada, estatal financiada com dinheiro público, feita em Itajaí. Tinham máquinas superpesadas, que estão até hoje lá, na estrada para Angra, enferrujadas.

Para complicar um pouco mais, quando fomos fazer o investimento em Araraquara, o BNDES fez outra exigência para dar o dinheiro. Disse que em Equipamentos deveríamos produzir também locomotivas diesel elétricas. Havia só um fabricante de locomotivas no Brasil — a General Electric —, e o governo achava que o país não podia ficar na mão deles.

— Vocês têm de achar meios de produzir uma locomotiva diferente — me disse o Marcos Vianna.

Queria que fabricássemos 70 locomotivas ao ano, com o diferencial de também fazermos os motores diesel das locomotivas, pois a General Electric, única no Brasil a fabricar locomotivas diesel elétricas, importava os motores diesel. Dariam o financiamento, mas com aquela condição. As locomotivas, em especial, me deram um trabalho enorme. Eu tinha que convencer a General Motors, a maior e mais famosa produtora de locomotivas diesel elétricas, que também fazia seus motores diesel, para obter a tecnologia. O argumento do BNDES é que nós já fazíamos motores diesel para navios, podíamos também fazer os motores das locomotivas, pois, da mesma forma que um motor diesel toca o gerador do navio, pode também tocar o motor de uma locomotiva. A GM não queria nos licenciar de jeito nenhum, mas acabei por convencê-los.

Criamos um departamento de locomotivas na Equipamentos Villares para fazermos as 70 locomotivas por ano, para cumprir o contrato com o BNDES. Porém 70 locomotivas foi o que produzimos em 10 anos e sem o motor diesel. Diziam que era preciso importar esse motor, para que o exportador convencesse o governo do seu país a abrir linhas de crédito para o Brasil. Por essa razão, importaram muita coisa que estava sendo feita ou podia ser feita no Brasil.

Resultado, ficamos sem pedido. E a promessa de ter encomendas não se encontrava por escrito.

Esse tipo de coisa é que começou a criar a revolta contra o sistema. Num jantar entre empresários, decidimos fazer um manifesto, publicado em 26 de junho de 1978, que ficou conhecido como o "Documento dos Oito", pedindo por mudanças na economia e a redemocratização do país.

Estavam nesse grupo tanto empresários mais evoluídos, que percebiam o envelhecimento do regime, vendo a situação de forma mais teórica, algo de princípios, quanto outros que apenas queriam algo mais prático e esbarravam sempre em algum problema que existia. Assinavam o documento, além de mim, Antônio Ermírio de Moraes, Jorge Gerdau, José Mindlin, Severo Gomes, Cláudio Bardella, Laerte Setúbal Filho e Paulo Vellinho. O Mindlin e o Bardella viam a situação claramente.

Não imaginávamos que a reação fosse ser tão grande. Quando divulgamos o manifesto, veio recado do Golbery, dizendo que "empresário não se mete em política".

Era uma situação de confronto, mas nenhum dos outros signatários do manifesto estava, como eu, dependendo da boa vontade do presidente Geisel para inaugurar uma fábrica. Antônio Ermírio, de quem eu gostava muito, tinha o monopólio do cimento, sempre fez o que queria. Já eu, não. E tinha uma atividade que me expunha bastante a conflitos com o governo.

Fui presidente do Instituto Brasileiro de Siderurgia (IBS) várias vezes. Naquele tempo, havia dois grandes empreendimentos que o governo queria fazer, com empresas estatais, na siderurgia: a Açominas e a usina de Tubarão. Não havia nenhuma justificativa lógica para isso. Estávamos no meio de uma crise econômica e as três usinas estatais existentes — Usiminas, CSN e Cosipa — estavam com excesso de capacidade. E o governo queria fazer mais empresas? Nas reuniões do IBS, os presidentes dessas três siderúrgicas diziam que eu tinha obrigação de dar uma opinião sobre esse absurdo, no sentido de que aquelas novas estatais não teriam mercado, pois eles não podiam fazê-lo.

Fui para a imprensa denunciar aquilo. Estavam, no setor siderúrgico, todos ao meu lado. “Paulo, você falou muito bem”, diziam. Porém o presidente Geisel, que me conhecia e sabia tudo o que estávamos fazendo, ficou p... da vida. Não me chamou a atenção diretamente, mas, quando fui a Brasília convidá-lo para a inauguração da Vibasa, ele não deu resposta. Claramente porque não queria ir. Estava brigado comigo.

O general Golbery do Couto e Silva, ministro da Casa Civil, tinha uma voz muito forte dentro do governo. Era por meio dele que dialogávamos com o governo. Tinha uma capacidade de entender muito grande. Ao Geisel não faltava interesse: enchia um carrinho de documentação para estudar em casa, no fim de semana. Queria saber tudo. Porém era menos flexível.

Para inaugurar a Vibasa, tive de esperar a troca do governo, uma vez que o Geisel nunca respondeu ao convite que levei pessoalmente. Estava de mal comigo por conta das críticas que fiz referentes à Aço Minas e à usina de Tubarão. Quem foi à inauguração foi o sucessor do Geisel, o João Figueiredo, que assumiu em 1979. Figueiredo foi o último dos presidentes militares: já estávamos bem perto da distensão, ou abertura, cujo processo se acelerou com o agravamento das dificuldades econômicas.

> *Quando a Vibasa foi inaugurada, em 1979, a Villares estava financeiramente exaurida. O investimento em siderurgia tinha sido orçado, mas saiu do cálculo por diversas razões. Justo naquele momento, o Brasil passava por um surto inflacionário, momento em que o mercado se retraiu. O governo não honrava os pedidos que havia prometido e, do*

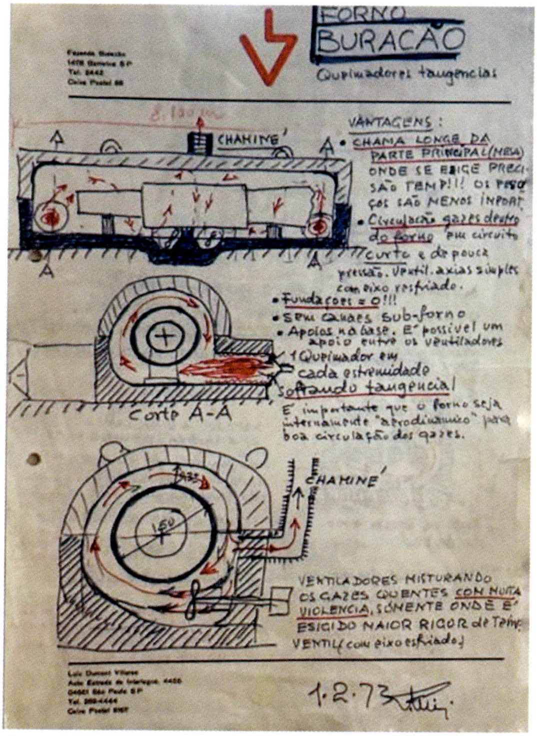

Projeto de Luiz Dumont Villares, pai de Paulo, para o Rototemp. Forno de tratamento térmico voltado à produção de cilindros de laminação.

Amigos do Grupo Villares
Edvaldo Souza · 24 de mar. ·

Rototempera a única de aços Villares temperando cils back up para o mundo

Grande cilindro para laminação produzido pela Villares pesando de 20 a 30 toneladas.

Eixo para turbina hidráulica para a usina de Itaipu com 128 toneladas de peso.

Paulo com Marcos Vianna, presidente do BNDE, em visita a seu pai.

A mãe de Paulo, Leonor, o presidente João Figueiredo e Paulo Maluf, então governador de São Paulo, na inauguração daVibasa, em 1980.

Ruy Souza e Silva e Paulo na inauguração da Vibasa.

Inauguração da Vibasa, 1980.

Motor diesel marítimo para navios, produzido pela Villares.

Grua de 1.400 toneladas produzida para trabalhos na usina de Itaipu.

Motores elétricos Villares.

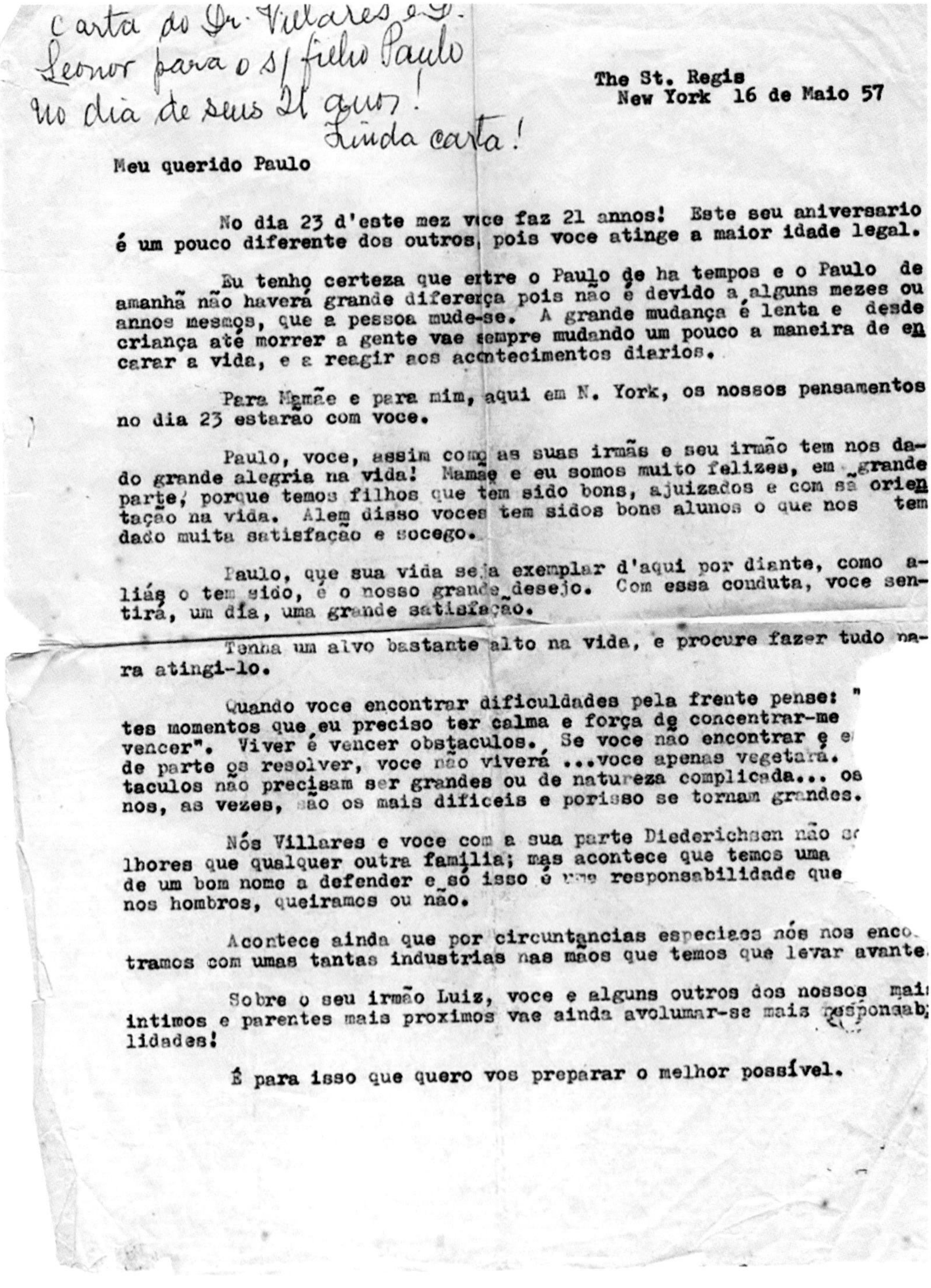

Carta do Dr. Villares e D. Leonor para o s/ filho Paulo no dia de seus 21 anos! Linda carta!

The St. Regis
New York 16 de Maio 57

Meu querido Paulo

No dia 23 d'este mez voce faz 21 annos! Este seu aniversario é um pouco diferente dos outros, pois voce atinge a maior idade legal.

Eu tenho certeza que entre o Paulo de ha tempos e o Paulo de amanhã não haverá grande diferença pois não é devido a alguns mezes ou annos mesmos, que a pessoa mude-se. A grande mudança é lenta e desde criança até morrer a gente vae sempre mudando um pouco a maneira de encarar a vida, e a reagir aos acontecimentos diarios.

Para Mamãe e para mim, aqui em N. York, os nossos pensamentos no dia 23 estarão com voce.

Paulo, voce, assim como as suas irmãs e seu irmão tem nos dado grande alegria na vida! Mamãe e eu somos muito felizes, em grande parte, porque temos filhos que tem sido bons, ajuizados e com sã orientação na vida. Alem disso voces tem sidos bons alunos o que nos tem dado muita satisfação e socego.

Paulo, que sua vida seja exemplar d'aqui por diante, como aliás o tem sido, é o nosso grande desejo. Com essa conduta, voce sentirá, um dia, uma grande satisfação.

Tenha um alvo bastante alto na vida, e procure fazer tudo para atingi-lo.

Quando voce encontrar dificuldades pela frente pense: "
tes momentos que eu preciso ter calma e força de concentrar-me
vencer". Viver é vencer obstaculos. Se voce não encontrar e e
de parte os resolver, voce não viverá ...voce apenas vegetará.
taculos não precisam ser grandes ou de natureza complicada... os
nos, as vezes, são os mais dificeis e porisso se tornam grandes.

Nós Villares e voce com a sua parte Diederichsen não s
lhores que qualquer outra familia; mas acontece que temos uma
de um bom nome a defender e só isso é uma responsabilidade que
nos hombros, queiramos ou não.

Acontece ainda que por circunstancias especiaes nós nos encontramos com umas tantas industrias nas mãos que temos que levar avante.

Sobre o seu irmão Luiz, voce e alguns outros dos nossos mais intimos e parentes mais proximos vae ainda avolumar-se mais responsabilidades!

É para isso que quero vos preparar o melhor possível.

Carta dos pais de Paulo a ele, quando completou 21 anos de idade.

Voce deverá completar os estudos ahi em S. Paulo e como o seu irmão Luiz, depois se aperfeiçoar no estrangeiro. Desejo que voce aprenda alemão e inglez o melhor possível, lendo e tomando aulas, e dentro do possível deverá ir para a Alemanha ou U.S.A., durante as ferias afim de praticar mais.

Com êsse preparo, e com a vontade de trabalhar que voces por natureza já tem o nosso futuro está garantido.

Uma grande preocupação que os paes sempre têm e que nós não deixamos de ter, em parte, também, é que voces irmãos e irmãs sempre sejam amigos e estejam unidos em tudo.

Eu e Mamãe sentimos que voces quatro vão ser bons amigos e unidos como o foram até aqui; pois voces são tolerantes reciprocamente, e são por natureza bons; êsses dons, felizmente, tambem tem os vossos cunhado e cunhada, Paulo e Heleninha. Todos os predicados estão ahi para voce ser feliz e ser util para os outros. Deixe um tanto correr as coisas; não acredite muito que há azar na vida e trabalhe bastante que tudo irá bem.

Não compare sua felicidade com a de outros, pois felicidade é um sentimento intimo que não pode ser medido e que a gente só reconhece, em geral, apos a sua chegada. A comparação é perniciosa e não ajuda a pessoa que a procure dessa forma. Felicidade é um sentimento de dever cumprido e nada tem que ver com bens materiaes.

Seja bom para seus parentes e amigos e de um modo geral para todos, que voce nunca se arrependerá.

Seja carinhoso para sua Mãe e irmãs e os mais próximos.

Tenha confiança em voce mesmo sem ser convencido.

Tenha modestia em suas aparências e seus atos.

Seja sobre tudo sincero, honesto e trabalhador.

Meu caro Paulo; é isto que Mamãe e eu queremos que voce saiba no dia 23 de maio de 1957.

Com os nossos parabens por êsse dia Mamãe te manda um beijo e, nós dois, dois grandes abraços.

Papai e Mamãe

Carta dos pais de Paulo a ele, quando completou 21 anos de idade.

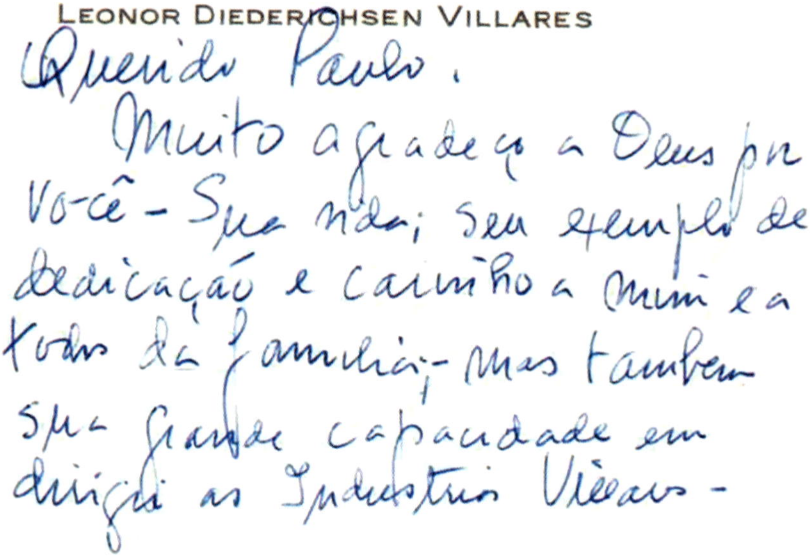
LEONOR DIEDERICHSEN VILLARES

Querido Paulo.

Muito agradeço a Deus por você - Sua vida; seu exemplo de dedicação e carinho a mim e a todos da família - mas também sua grande capacidade em dirigir as Industrias Villares -

Bilhete da mãe de Paulo para ele.

Paulo, Helena, e os filhos: Ciça, Pedro, Roberto e Luiz.

que estava contratado, atrasava os pagamentos. Com inflação de 30% a 40% ao mês, bastava atrasar um mês para acabar com a saúde financeira da empresa. Além disso, a inflação fazia o mercado se retrair e a indústria nacional, como a automobilística, que se projetava atender com o aumento da capacidade de produção originada pelas encomendas governamentais, também reduziu suas encomendas.

Tínhamos então uma indústria de aço três vezes maior que antes, mas sem mercado interno. A empresa sempre foi muito internacionalizada, mas o mercado externo era o que foi sempre — razoável. Os Estados Unidos limitavam a importação, para proteger a indústria norte-americana. O resto do mundo consumia o usual.

Era uma situação muito difícil.

RUY SOUZA E SILVA

Durante o regime militar, não havia muita convicção sobre o que era melhor: uma economia mais estatizada ou mais na mão da iniciativa privada. Não se previu também a crise do petróleo nos últimos meses de 1980.

Desde o final da gestão do meu pai, e mais ainda no começo da minha, partimos para outros negócios e a empresa aumentou muito de tamanho. Os investimentos começaram em 1975; a Vibasa ficou pronta em 1979. Com isso, passamos a ter quatro fábricas. A de Equipamentos ficava em São Bernardo, que foi transferida para Araraquara, a de Elevadores em Santo Amaro, para onde foi transferida do Cambuci, em 1971. Ao lado dela, ficava a fábrica de motores elétricos. Em São Caetano do Sul, mantivemos a fábrica de aços Villares por algum tempo, antes da criação da Vibasa. Em Pindamonhangaba, eram feitas as grandes peças forjadas ou fundidas e barras de aço para indústria automobilística e em geral. E em Araraquara, que ficou pronta em 1980, onde ficava a Equipamentos Villares, eram feitos produtos tais como pontes rolantes, escavadeiras, laminadores, turbinas hidráulicas e locomotivas, as peças.

O passo da siderúrgica de Pindamonhangaba foi o maior e mais arriscado, em função do grande investimento. Ainda haveria a aquisição de outras fábricas, como a Aços Anhanguera, do Augusto Trajano de Azevedo Antunes, dono da Caemi Mineração e Metalurgia, que foi o meu segundo pai.

Quando meu pai morreu, em 1979, o Antunes, que eu ainda conhecia pouco, me chamou. Ficou muito preocupado comigo. Tinha perdido um filho da minha idade; desde então, meio que me adotou. Ele tinha uma fazenda no Vale do Paraíba, com campos de arroz, onde gostava muito de ficar, ao lado da mulher. A casa era pequena, mas muito bonita, cercada de árvores e flores, um encanto. Tinha uma pista de pouso; então, era perfeito. Eu gostava de ir lá, voando, para conversar. Quando ia encontrar o presidente da República, João Figueiredo, ele me perguntava sobre o que eu iria falar, me cobrando, mas de forma muito simpática, sempre no sentido de me ajudar.

Em 1989, fiquei sabendo que a Aços Anhanguera, em Mogi das Cruzes, que pertencia ao Antunes, não estava dando certo. Conversei com meu pessoal para comprá-la. Tinha alguns processos diferentes dos nossos, o que poderia gerar economia. Com isso, aumentaríamos também a produção. Convidei o Antunes para ir à nossa fazenda em Barretos, onde conversamos, sentados no terraço, e fechamos o negócio.

Então, transferimos a produção de São Caetano, que foi fechada, da época de meu pai, e passamos a ter a Vibasa em Pindamonhangaba, a Anhanguera em Mogi das Cruzes, depois compramos a Nossa Senhora de Aparecida, em Sorocaba, e a Eletrometal, em Sumaré que passou a ser a Villares Metals.

Elevadores Atlas, como negócio, com a fábrica em Santo Amaro, também crescia. Para ser líderes de mercado em tudo o que fazíamos, precisávamos de qualidade, tecnologia e atendimento. Elevadores sempre teve tudo isso. O objetivo era vender elevador com preço 10% acima do mercado, porque a gente tinha uma assistência técnica de manutenção que fazia o cliente preferir nossa marca.

Sempre buscávamos mais tecnologia, seguindo o princípio da qualidade total, no sentido mais amplo, inclusive no relacionamento com os clientes e funcionários. Éramos muito exigentes e tínhamos todo o cuidado nesse sentido. Segui assim na empresa e na vida. Chegou o momento, porém, em que tivemos uma primeira grande crise econômica mundial, com a alta do petróleo, nos anos 1980, e o mercado internacional de aços especiais desabou: caiu 70% do que era antes.

Com isso, e sem os contratos de governo, como o do programa nuclear, tivemos de fechar a fundição das peças grandes, assim como parte da forjaria em Pindamonhangaba. Ainda continuamos a fazer os cilindros de laminação, que tinham qualidade superior à dos importados, que fornecíamos para as usinas siderúrgicas estatais: Usiminas, Cosipa CSN e para 80% do mercado brasileiro. Começamos a exportar cada vez mais.

Foi um período muito difícil. Era preciso convencer as pessoas, inclusive os funcionários, a seguir em frente com disposição. Muita gente, eu perdi. Dentro da empresa, surgiu um mal-estar enorme.

As coisas mudaram completamente. Estávamos com dificuldades e todo mundo sabia. Eu sempre dizia: aquilo que a gente pensa que é, tenho certeza de que o mercado também já sabe. Não há nada escondido. É impressionante. As paredes falam.

Tínhamos de fazer alguma coisa, o que significava mudar o DNA da empresa. Um diretor, que era RH, hoje psicanalista e um grande pianista, foi o responsável por essa mudança, junto comigo: Fernando Hilsenbeck, engenheiro naval, formado na Poli. Um cara incrível.

— Precisamos procurar auxílio externo — ele dizia.

Não havia no Brasil alguém em quem eu confiasse. Já tinha participado de alguns eventos de consultoria. E fazia parte de uma organização que eu mesmo havia trazido para o Brasil: a YPO, Young Presidents Organization.

Eu gostava muito da YPO. Empresas multinacionais contavam com o seu pessoal interno, que buscava o que havia de melhor em administração, mas nós não tínhamos esse tipo de informação no Brasil. Por meio da YPO, conheci e ouvi alguns dos melhores consultores do mundo, especialmente o Ichak Adizes, professor da Universidade de Columbia, nos Estados Unidos, autor de livros como *Gerenciando os Ciclos de Vida das Organizações*. Convidei o Ichak a vir para o Brasil. Ele veio, falou para o nosso pessoal, apresentou a metodologia dele, voltada para sairmos de uma atitude negativa para outra, positiva. Seu método aplicava coisas que por vezes parecem banais, mas são muito efetivas.

Não foi aplaudido. Ninguém gostou dele. Não estavam preparados ainda para ouvi-lo. Como no fundo as coisas que ele propunha com sua metodologia eram simples, básicas, baseadas no respeito entre as pessoas que tinham interesse comum, entendo que havia dificuldade de compreenderem que a solução para a mudança no ambiente da companhia, uma vez que o principal problema era realmente a falta de respeito mútuo, era teoricamente simples — havia a necessidade de entenderem o quanto pesava nos resultados aquele ambiente ruim.

Para complicar, havia uma disputa familiar. Depois de meu pai fundar a companhia, entrou como sócio um irmão mais novo dele, que estava na Suíça, e voltou ao Brasil, em 1947, logo após a guerra: Alberto Villares. Mais tarde, outro irmão, Alfredo, que era professor na Suíça, começou também a trabalhar no Brasil como engenheiro civil, fazendo obras. Dava-se melhor com meu pai e passou a fazer toda a parte administrativa da empresa, que era o que faltava: toda empresa precisa de um bom administrador. Meu pai não gostava de cuidar de administração. Eles se complementavam.

Com o tempo, ficou como acionista somente Alfredo, que tinha cerca de 25% das ações ordinárias, isto é, com direito a voto. Meu pai continuou com 50%. Com a morte do tio Alberto, suas ações, que representavam outros 25% do capital votante, ficaram distribuídas entre os herdeiros, alguns dos quais tinham cargos na companhia. Começou também uma disputa familiar dentro da companhia, que foi resolvida por meu pai mediante um acordo de acionistas, envolvendo nós, herdeiros de meu pai, e nossos primos, filhos de meu tio Alfredo. Juntos, éramos sócios majoritários, mas, por esse acordo, sempre tratamos a empresa como uma coisa só, sem exercer a maioria. Meu pai fazia questão de que houvesse consenso entre nós. Além disso, pelo acordo, a outra parte da família teria preferência na compra da parte de quem quisesse sair, desde que cobrisse o melhor preço que se conseguisse no mercado.

Foi justamente do lado de meu pai na família que começou a surgir certa oposição, especialmente de meu ex-cunhado José Guimarães, que era advogado e recebia o apoio da minha irmã, sua mulher. Antes de entrar para as nossas empresas, havia trabalhado com um tio do mercado imobiliário. Era o diretor financeiro — e sempre a pessoa do contra.

Muito mais tarde, depois que me casei pela terceira vez, com a Inabel, que é psicóloga, entendi que o problema dele era inveja, porque eu era o presidente e quem aparecia. Ele fez um curso de administração de empresas em uma universidade americana e dizia que sabia tudo. Uma pessoa muito difícil de lidar.

Quando meu pai faleceu, em 1979, apesar de o comando continuar a ser meu, o controle da empresa ficou mais dividido. Éramos nove acionistas, que herdamos a parte dos nossos pais: quatro filhos por parte do meu pai e cinco do lado do Alfredo, também já falecido. Do nosso lado, estava meu irmão mais velho, Luiz; minha irmã, Maria, representada pelo marido dela, meu ex-cunhado José Guimarães; e uma irmã, Elisa, que nunca se interessou por uma posição executiva na empresa.

Desde a assinatura para a compra do terreno para a construção da Vibasa, José Guimarães foi contra. Isso exercia uma influência grande na empresa. Todo mundo sabia daquela oposição, que era muito clara, porque ele não a escondia de ninguém. Às vezes alguém vinha me dizer para tomar cuidado com ele.

Desde que começou o projeto da Vibasa, que criou um alto endividamento, José Guimarães fazia objeção a tudo, o tempo inteiro.

— Paulo, não vai dar certo... Esse orçamento vai ser superado. Daí, como fica?

Foi sempre uma pedra enorme no meu sapato.

Como ele assinou o contrato do financiamento da Vibasa compulsoriamente, esse era o assunto favorito dele. Era tão feia a coisa que, quando eu chegava no escritório, ele pegava uma chave e a balançava no ar, como a dizer: entrega a chave da Vibasa para o governo.

Dizia que essa era a missão dele: me segurar. Com a crise financeira, a cisão na família foi se agravando. Passaram-se dois anos e eu trouxe o Ichak novamente. Então ele foi aceito. Daí começamos uma mudança na empresa, no sentido de dizer quais são nossos valores, o que temos de perseguir e aceitar os erros que cada um tinha cometido, sem apontar o dedo para os outros. Ichak fundamentava muito sua teoria na construção do respeito mútuo, baseado no que temos em comum. Tínhamos o objetivo comum de fazer a empresa funcionar e obter resultados, com respeito mútuo, obtido de coisas relativamente pequenas.

Por exemplo, se havia uma reunião com mais de cinco pessoas, Ichak sugeria colocá-las numa mesa redonda, para não ter alguém na cabeceira. O presidente estava lá, e isso se respeitava, mas eram observadas regras. Ninguém podia falar até chegar sua vez; precisava levantar a mão, saber quando falar e o que falar, sem ser repetitivo. Numa empresa, é preciso aceitar que há pessoas diferentes, com opiniões diferentes, e que isso só traz benefícios. Em vez de simplesmente exercer o poder hierárquico para mudar alguma coisa, estimulava respeitar e ouvir o diferente; aproveitar o que cada um tem de potencial, juntar as individualidades e coletivamente construir coisas maiores. Era uma maneira de fazer com que as pessoas se somassem, de forma construtiva, e não se destruíssem.

Antes, tínhamos reuniões muito tumultuadas. Aquilo começou a funcionar. Ichak passou a vir regularmente para implantar seus processos. Quem não gostava, acabava saindo. Desta vez, porém, ele foi muito bem aceito, de maneira geral, passando por diversos setores da empresa.

Ichak tinha um consultor associado, o Victor Pinedo, que trabalhava na parte de planejamento estratégico, muito ligado àqueles mesmos princípios. Dentro dessa forma de pensar, ensinou coisas incríveis. Lembrava que, quando a gente senta para pensar o que quer da empresa, precisa ver vinte anos à frente. E para isso não é bom sonhar: você tem que sonhar.

Cada um projeta seu sonho. Ideias absurdas são permitidas. Quando juntamos os sonhos, fazemos o exercício de imaginar quem somos hoje e qual a distância para aquilo que queremos. É uma distância gigantesca, mas saímos com velocidade incrível para chegar aonde queremos, no futuro.

Fazíamos reuniões com a diretoria para discutir quais eram esses sonhos e criar um ambiente de união em torno da busca das mesmas metas. Quando eu falava em utopia, nas reuniões, no começo o pessoal ria. Aos poucos, fomos separando quem se identificava com aquelas ideias e criando um ambiente muito importante para o progresso do negócio.

> *PDV teve um olhar atento para o desenvolvimento da gestão. Era membro da YPO, onde conheceu o Ichak Adizes, que trouxe para a Villares um trabalho baseado na ideia aparentemente simples de que uma empresa depende de respeito e confiança, realizado entre 1975 e 1980. O maior problema de gestão, de fato, é que cada pessoa é diferente e pode enxergar soluções na sua área, mas, quando não se reúnem as diferentes visões para fazer o conjun-*

to funcionar, os esforços individuais são desperdiçados. Adizes inventou um método imersivo para fazer com que as pessoas adquirissem confiança umas nas outras. Esse sistema foi desenvolvido por nós no Instituto Villares, que dirigi, de forma a desenvolver essa metodologia, voltada para a qualidade da gestão, e chegamos a prestar consultoria para outras empresas.

FERNANDO HILSENBECK

Com esse processo, conseguimos mudar o DNA da empresa. Nesse aspecto, deu muito certo. Para enfrentar uma situação difícil, é preciso pelo menos ter um ambiente interno saudável e lutar juntos para vencer a dificuldade.

Nesse período, afastamos meu ex-cunhado José Guimarães da sua posição executiva na companhia, que estava sendo muito prejudicial. Demos uma outra sala para ele. Ichak dizia que era melhor "tirá-lo da frente". Porém ele vinha ao escritório, ficava lá, convivia com a gente, mesmo com aquela atitude.

Nessa época complicada, ele dizia:

— Paulo, entrega a Vibasa para o governo.

— Não posso entregar. Primeiro, não é assim que se fazem as coisas. Segundo, a gente tem de lutar.

Para pagar aqueles investimentos enormes, nossa saída foi a exportação. Nosso princípio, que era o de ter qualidade e competitividade, foi o que nos salvou. Eu visitava os clientes, pessoalmente, junto com as agências exportadoras. Assim, abrimos os mercados da China e da Rússia, exportando aços especiais.

Nesse meio tempo era minha firme convicção que a única saída para a falta de demanda interna era a exportação, que tinha inclusive o fundamental mérito de forçarem as nossas empresas a melhorarem seus produtos para competirem no mercado internacional. Coincidentemente em 1982 o governo ofereceu um novo programa BEFIEX — Benefícios Fiscais para Exportação. De imediato matriculei todas as empresas do Grupo. Aços Villares, com aços de alta liga e de construção mecânica, foram mais de 70% do total do material exportado. Tínhamos recém-comprado uma trading da Axel Johnson em Dordrecht, na Holanda, o que foi fundamental para a expansão das exportações na Europa.

Elevadores Atlas já tinha boa presença na América Latina, Chile, Paraguai e Uruguai e particularmente na Argentina, onde, em 1944, meu pai comprou as instalações de Elevadores da Westinghouse. Ficamos líderes de mercado ali também em escadas rolantes. Dali passamos a investir no mercado asiático, vendendo componentes de elevadores e escadas rolantes para Macau, Hong Kong e Coreia do Sul.

Equipamentos Villares vendeu uma laminadora para a Siderúrgica em Seixal em Portugal, um sistema completo de laminação para Ohio River Steel Corporation nos EUA, locomotivas para a Nigéria e Peru, três hidrogeradores para Headgate Rock no Arizona, EUA, um gerador para a usina Broadwater em Montana, EUA e mais de 200 motores elétricos para a Massachusetts Bay Transportation em Boston, EUA.

Foi um grande esforço porque tínhamos que oferecer financiamento de longo prazo aos compradores. Quando prestamos contas para o fechamento do Programa, fomos informados pelos técnicos do BEFIEX que, além de termos cumprido todas as nossas metas, o nosso Programa tinha sido o maior programa BEFIEX de todos os grupos industriais nacionais nesse período, atestando nossa competitividade internacional, que sempre busquei.

Apesar daquela solução, a situação financeira era muito apertada. Exportávamos, por assim dizer, um produto semiacabado, isto é, ele ainda precisava ser trabalhado para estar pronto para o uso. O aço líquido é colocado dentro do lingote, que na Vibasa tinha 20 toneladas. Ele vai para um laminador, uma máquina superpesada, que fabricávamos em Araraquara, com cilindros de laminação também produzidos por nós. Esse grande lingote, depois de laminado, se converte em barras finas, de diversos diâmetros. Para exportar, era um produto intermediário, sem o mesmo valor agregado do produto final. Tínhamos saída para a produção, mas não tínhamos rentabilidade. A exportação nos salvou, mas o produto não dava uma margem necessária para sermos rentáveis.

Por isso, passamos sem lucro, com uma dificuldade financeira muito grande, toda a década de 1980, até o início dos anos 1990. O resultado de Aços afetou todo o grupo. Havia empresas rentáveis, como Elevadores, mas, como a gente tinha um problema maior, todo esse ganho acabava indo cobrir aquele déficit. Equipamentos também foi muito afetada — e para sempre.

Na Vibasa, hoje, está escrito Villares para todo lado: ponte rolante, laminadores e assim por diante. Nos laminadores, que têm um quilômetro de comprimento, você vai lendo nas máquinas: Villares, Villares, Villares. Quase tudo foi fabricado por Equipamentos, em Araraquara. Depois que tudo ficou pronto, porém, Equipamentos ficou também sem ter o que fazer, com poucos pedidos. Dada a crise geral, escapamos, mas ainda era pouco pelo que tínhamos investido: o aperto de mão do Geisel nos custou caríssimo.

> *Em 1982, o governo promoveu uma desvalorização de 30% da moeda, para melhorar as exportações. Para nós, que tínhamos dívidas em dólar, foi uma pancada. O governo permitiu a emissão de debêntures para que as empresas mais endivida-*

das pagassem menos juros, mas leva tempo para colocar as finanças em ordem. Sofremos. Nessa hora, porém, você vê o presidente que tem. O Paulo enfrentava o desafio. Falava com o político, com o banqueiro. Ficamos bastante próximos de um certo equilíbrio.

Ainda assim, foi um período difícil. Em 1985, entrou na minha sala o Otto Nóbrega, diretor de exportações de aço.

— Ruy, tenho um pedido de 30 milhões de dólares — ele disse.

Eram 3 meses inteiros de produção da Vibasa. E o pedido era da China.

— China? Mas eles não pagam ninguém.

— Tenho uma carta de crédito como garantia.

A carta era da Ferrostaal, importante Trading da Alemanha. Começamos a vender aço para a China esse ano. Foi uma boa saída, mas o mercado internacional nessa época tinha os preços muito baixos. Sobrevivemos, mas em 1996 o preço internacional estava baixíssimo.

O período de 1992 e 1993 foi também muito ruim para Elevadores Atlas, que sempre tinha sido um bom gerador de caixa para o grupo. A tecnologia estava desatualizada. Nossos elevadores funcionavam com relês antigos e as nossas equipes técnicas desconfiavam de tecnologias novas, que funcionavam com semicondutores. Aos poucos, casas de máquinas enormes foram substituídas por uma moderna plaquinha de semicondutores. Fizemos essa atualização tecnológica de 1994 em diante. A empresa era enorme, mas as Indústrias Villares, por conta da dificuldade financeira, tinham deixado de investir em tecnologia e acompanhar as mudanças de mercado. O Plano Real, em 1994, embora tenha sido bom para o país, com a estabilização monetária, para nós foi outro golpe. Ao vincular o real ao dólar, o governo prejudicou todos que tinham recorrido a mais exportação, para compensar a queda do mercado interno, como nós. Como exportar a 73 centavos por dólar? Não havia margem de lucro mesmo para o melhor produto do mundo.

RUY SOUZA E SILVA

Paulo sempre teve uma visão clara do coletivo industrial. A Villares poderia ter se tornado uma empresa internacional, como uma Mitsubishi, no Japão, ou uma Hyundai, na Coreia. Sempre foi voltada para o exterior, mas uma empresa desse porte, que demanda investimentos de longo prazo, sempre precisa de apoio do governo. Acreditou muito no governo, especialmente quando lançaram o segundo Plano Nacional de Desenvolvimento (PND-II), quando a empresa se tornou tomadora de recursos para investir na produção de máquinas e equipamentos, como motores para a indústria naval e locomotivas, além da expansão na siderurgia. Além de Itaipu, havia a promessa de encomendas até mesmo para a produção de um submarino atômico. Depois, o volume de encomendas não foi suficiente para pagar os seus empréstimos.

Poucos tinham o perfil para encarar tudo aquilo, abrindo tantas frentes ao mesmo tempo, e tão pesadas. Sempre pioneira em tudo, a Villares tinha, para Paulo, esse impulso, que vinha com o incentivo do pai, era uma filosofia de vida. Dessa vez, porém, seu otimismo ultrapassou o razoável. Começou uma era de dificuldades que, mesmo encontrando certo equilíbrio, prejudicou a capacidade da empresa de reinvestir nos negócios lucrativos, como Elevadores. A crise e a suspensão dos pagamentos dos dividendos deram início às discussões familiares e Paulo percebeu que tomar decisões passou a ser pesado e difícil. Quando se fechou a área de equipamentos, bens de capital, e se retomaram os investimentos em Elevadores, de forma a equacionar a crise, já havia fissuras no ambiente familiar. Era preciso ainda capital para poder investir e assegurar o futuro da empresa, que sempre foi líder, mas não conseguia produzir resultados por causa do seu endividamento. Desse ponto de vista, a decisão do Paulo de abrir mão do controle do negócio era a única saída. Mesmo aí se viu a pessoa de formação espetacular, muito bem preparado, conselheiro de empresas mundiais como o Chase e a IBM — e, além disso, tranquilo, jovial, e um político impressionante.

AYRTON JORGE NETO

IV

Uma política para todos

O QUE DEFINE O
DNA DA EMPRESA É O
CONJUNTO DOS SEUS
VALORES. QUANDO VOCÊ
TEM CLAREZA DE QUAIS
SÃO OS SEUS VALORES,
PODE IDENTIFICAR
QUAIS FALTAM.

A crise mundial não foi a única responsável pelo atraso em que começou a mergulhar a indústria brasileira. A resistência, sobretudo do empresariado, em se estabelecer uma política industrial no Brasil contribuiu para que tivéssemos mais dificuldade de enfrentar aquela crise — e, também, sair dela de um jeito melhor.

Havia bastante gente que fazia parte de associações empresariais, como o IEDI, mas quando seus representantes iam ao governo para falar por todos, aproveitavam a ocasião para fazer lobby para eles próprios: fechavam negócios para si. Voltavam da defesa da causa coletiva com o contrato debaixo do braço. É duro escrever isso, mas é a realidade. Assim é o Brasil.

Nós também podíamos fazer lobby, mas, sem uma política industrial, como existe no resto do mundo, isso não funciona. O IEDI não mudou nada porque eles não tinham o conceito correto de política industrial. Pelo que eu aprendi, para mim estava muito claro que isso não é algo que os empresários mandam fazer, e sim organizado e defendido pelo poder público, no interesse de todos.

Os empresários podem e devem fazer parte dessas decisões, claro. Nesse sentido, há ótimos exemplos de funcionamento de política industrial no mundo, como o do Keidanren, no Japão. É um instituto privado, muito bem estruturado e transparente. O governo intima os empresários a fazerem parte de certos grupos de trabalho, de forma a participarem da definição das políticas setoriais, dentro da política industrial. Existe uma troca de informação, para daí se dizer ao governo qual é a política industrial boa para o país, sempre no sentido de conseguir uma produtividade maior.

É isso o que aqui ninguém entendia e ainda não entende. A política industrial brasileira sempre foi e continua sendo defensiva. Estabelecia que o produto brasileiro tinha de ter um X de conteúdo nacional, não importava se fosse mais caro ou pior. No IEDI, eu defendia que tínhamos de trabalhar de forma vertical, no sentido de dar competitividade ao mercado brasileiro até mesmo para vender ao resto do mundo, e não horizontal — medidas apenas protecionistas, como do câmbio.

O Brasil era e ainda é um dos países mais fechados do mundo. Em quase cem anos não conseguiu emancipar a indústria. Tinha e tem uma falta de competitividade sistêmica.

No conceito da maioria dos meus colegas, para o Brasil ser competitivo, bastava trabalhar nas políticas horizontais, para ter as mesmas condições competitivas que as empresas de outros países. Porém abandonou-se o esforço de qualidade e de produtividade, a única coisa que realmente faz sobreviver não apenas uma empresa, mas o país como um todo. O resultado disso é a desindustrialização que temos visto no Brasil, com a entrada dos produtos estrangeiros, e a consequente perda também da nossa presença no mercado internacional.

No governo do presidente José Sarney, que se seguiu ao do Figueiredo, o primeiro civil depois do regime militar, eu gostava muito do então ministro do Planejamento, João Sayad. Era uma esperança. Eu tinha aquela visão de que precisávamos trabalhar em políticas verticais, com a preocupação de sugerir quais setores deviam ser de alguma forma beneficiados, no sentido de ter empresas competitivas. E essa era a grande dificuldade: definir políticas setoriais. Que setor era prioritário? É uma grande discussão.

O governo, como o empresariado, não se detinha para analisar as prioridades, como definir os setores, e beneficiar um em relação aos demais, de forma justificada. Era mais fácil fazer políticas horizontais. Achava que esse era o diferencial para sermos mais competitivos, como país. E todo mundo concordava. Os empresários brasileiros eram lobistas. Têm um certo poder, que usam para conversar com o poder público, achando que podem influir nas políticas horizontais. É uma utopia total, porém, achar que o governo pode mexer no câmbio para favorecer um setor ou outro. Quem faz o câmbio é o mercado internacional.

Até hoje, o IEDI só tem membros da indústria nacional. Não possui integrantes da indústria estrangeira, o que acho um erro. Como se pode fazer uma política industrial sem pensar na indústria como um todo? Mesmo as multinacionais não têm essa preocupação quando se instalam no país. A indústria automotiva, por exemplo, trabalha para beneficiar a si mesma, sem pensar no resto da indústria, embora a economia também a afete diretamente.

Eu não via no IEDI a preocupação de fazer uma política industrial de verdade. Ela é difícil? Sim, mas é preciso fazê-la para podermos ter desenvolvimento sustentável. Nada funciona sozinho. Achei que do IEDI não surgiria nada. Eu me sentia pequeno, sentia que não tinha voz.

Quando Fernando Collor ganhou a eleição presidencial, em 1989, como primeiro presidente eleito depois do regime militar, com um discurso modernizante, supostamente liberal, com uma proposta de abertura do mercado, de maneira a forçar a competitividade e, entre outras coisas, baixar os preços para debelar o surto inflacionário, fui falar com ele. Não era bom abrir o mercado sem ter preparado a indústria brasileira antes, isto é, sem uma política industrial. De todo modo, era uma nova oportunidade de começar algo na direção certa.

Levei um resumo do que era o IEDI e do que eu achava que devia ser pensado, em termos grandes, para a indústria brasileira. Ele leu aquilo tudo, agradeceu. Mais tarde, apenas me mandou uma conta, dizendo que eu tinha de dar apoio financeiro a alguém do partido dele.

Achou que eu estava pedindo alguma coisa para a minha empresa, como faziam os outros. Algo para mim surpreendente. Concluí que também não valia a pena conversar com ele. Pouco tempo depois, ele sofreu o processo de impeachment pela cobrança de propina, por meio da sua tesouraria de campanha. Acabou renunciando para reduzir o período de inelegibilidade, no caso de sua condenação política. Triste fim, não só para ele, mas para nós, por mais uma oportunidade perdida.

◇◇◇

O DNA dos membros do IEDI era diferente do meu. A política de informática é um desastre do qual hoje ninguém duvida. Eu achava um absurdo, era convidado para falar, e falava, mas não mudava, nada ia para a frente.

Na medida em que investimos tudo o que investimos, passamos a ser o segundo maior grupo privado do Brasil, depois do Votorantim, mas estávamos muito diversificados. Quando entrou o Plano Collor, em 1990, além dos elevadores, fazíamos 360 tipos de aço em quatro usinas diferentes. Havia empresas que não eram o foco do negócio. Tínhamos uma dificuldade crônica com a rentabilidade do grupo. Chegamos à conclusão de que era muita coisa.

Contratamos uma assessoria externa para estudar nossas diversas atividades e reduzi-las. Devíamos nos concentrar nos produtos que nos levariam para a frente. Chamamos essa reestruturação de Operação Core, que executamos entre 1990 e 1995.

Quando eu tinha tomado a decisão lá atrás de sermos competitivos internacionalmente em tudo, ela vinha com a necessidade de ter tecnologia própria. Era o caso dos elevadores e dos aços especiais, negócios que iam super bem. Em siderurgia, tínhamos tecnologia própria, com um laboratório de pesquisa e desenvolvimento ultra-avançado que estava na base de Aços Villares. Tudo era totalmente custeado por nós, embora eu ache que o governo deva financiar desenvolvimento tecnológico como política industrial.

Em Elevadores Atlas, tínhamos tecnologia própria, muito em função do que meu pai fez. Aquele dom, a criatividade incrível, tornou-se uma cultura na empresa. Ele desenvolveu máquinas de elevador muito compactas, fez uma grande economia, e foi o que sustentou Elevadores Atlas a vida inteira. Era uma empresa com melhores condições de atravessar a crise.

Já em Equipamentos, a situação era outra. Fazíamos acordos com fornecedores de tecnologia e copiávamos. Deu certo no começo porque a política industrial era de reserva de mercado e as empresas de fora não podiam entrar para produzir nada: só entravam como fornecedoras de tecnologia. Para mim já era muito claro, desde o começo, que não seríamos viáveis a médio e longo prazo, só comprando tecnologia: era preciso ter tecnologia própria.

Nas empresas, eu procurava explicar política industrial, para sermos competitivos e nos preparar para o que podia acontecer, inclusive com a entrada dos produtos importados. Defini alguns gerentes, que lideravam grupos de pessoas, para estudar a política industrial de países como Japão e Estados Unidos. Isso deu muito certo. Fazíamos isso para nós, sozinhos.

Fiz porque eles precisavam se convencer de que nós estávamos errados na empresa. Era o caso da produção de máquinas, como o laminador. Como não tínhamos tecnologia própria, tudo era copiado.

— Um dia, esse mercado vai mudar — eu dizia. — Precisamos nos concentrar mais onde temos tecnologia própria.

Nossa maior habilidade sempre foi produzir, qualquer coisa, de forma competitiva. Todos os investimentos no Vale do Paraíba foram feitos para que fôssemos competitivos. Essa era a nossa cultura; quando não podíamos comprar tecnologia de ponta, inventávamos. Equipamentos Villares, porém, não tinha esse princípio. Era preciso convencer alguém para fornecer tecnologia. Todos os laminadores, que funcionam bem até hoje, tinham tecnologia alemã. Porém não consegui ser o representante no Brasil para deter e mesmo vender essa tecnologia. Dessa forma, sem tecnologia própria, pouco competitivos para exportar, e com a concorrência dos importados, chegou o momento em que tomamos a decisão de fechar Equipamentos, em Araraquara, em 1994.

Estávamos também na área de informática. Tínhamos uma empresa, Ivix, na qual meu filho Pedro trabalhou, para fazer computadores. Serviam para atender nossas indústrias, mas também eram vendidos no mercado. A partir daquele primeiro computador para o Amyr Klink, fizemos os primeiros computadores de mesa. Pedro estudou uma forma de fazer a empresa ser comprada pelos próprios funcionários. No final, fizemos uma subscrição de capital e quem ficou com a Ivix foi a IBM, de quem eu tinha sido conselheiro e que lhe vendia tecnologia — um relacionamento que facilitou o negócio.

Já sabíamos que tínhamos de sair de Equipamentos. O banco Itaú, que sempre usamos, me chamou e disse que estávamos com um problema muito sério. Diziam que éramos como um navio, cuja âncora era mais pesada que o próprio navio — a âncora era Equipamentos Villares. Era preciso cortá-la para o navio não afundar. Ofereceram o dinheiro para sairmos da atividade de mecânica pesada.

A dificuldade de fechar Equipamentos é que tudo o que fazíamos era pesado: pedidos para entrega em três ou quatro anos, um longo ciclo, desde o projeto até a produção e a entrega. Acabar com essa atividade com caixa positivo seria extremamente difícil. Trocamos a administração de Equipamentos, comprando uma briga com meu primo Carlos, que era vice-presidente, dirigia a empresa e não se conformou. Nós, porém, não tínhamos condições de seguir daquela forma.

> *Em 1993, começou a conversa dentro da empresa de prepará-la para o 3G, passagem do comando para nós, primos, que éramos a terceira geração da família na empresa. Há muito tempo a Villares já era uma empresa da capital aberto e meu pai tinha sido o responsável por transformar a mentalidade da empresa, que vinha de sua origem familiar, com meu avô Luiz, que empregou todos os irmãos, sobrinhos e cunhados. No G2, por meio do meu pai, veio a fase do crescimento, da transparência, por conta da abertura de capital, e da profissionalização.*
>
> *Nesse processo, algumas pessoas da família foram afastadas e surgiram ressentimentos: toda empresa familiar tem esse tipo de problema. Na passagem do G2 para o G3, participamos de fins de semana juntos, para uma série de palestras e atividades de convivência e integração. Eu nunca trabalhei na empresa, mas, como herdeira, participava do processo. A integração não aconteceu: ao contrário, em 1994 aconteceu um racha que dividiu a família.*

Nas empresas, sempre há gente com opiniões diferentes, mas houve uma má gestão de sentimentos complicados na família — um deles, a inveja. A briga não era nossa, dos primos, que sempre convivemos muito, e sim dos nossos pais. Chegamos a formar uma comissão de primos de primeiro e segundo grau para falar com nossos pais. Sentávamos e conversávamos, em grupo. Lembro de ir na casa de meu tio Carlos, que cresceu junto com meu pai, amigo dele de toda a vida. "Não é um integrador, é um incendiário", dizia do Ichak Adizes, consultor da empresa, me apontando o dedo. Havia um componente emocional muito forte, muito pesado, que resultou na dissolução dessa sociedade. A parte que ficou na empresa tinha que pagar a parte da família que saiu; os que ficaram tiveram de chamar sócios, que depois de alguns anos realizaram o lucro e a empresa teve de ser fatiada e vendida.

CECÍLIA CRUZ VILLARES

Coloquei em Equipamentos o Shapoor Monadjem, um iraniano, que conseguiu administrar aquilo sempre com o caixa positivo, entregando os pedidos, até fecharmos a empresa, vendendo as suas instalações.

Tínhamos uma fábrica de elevadores grandes e, atrás, outra, de motores elétricos. Eram motores encomendados, como dos Elevadores, os dos trens de Metrô, e os utilizados pela Vibasa, em Pindamonhangaba. No projeto Core, tomamos a decisão de juntar a produção de motores elétricos com a de locomotivas, que não ia para a frente, numa nova empresa, chamada Vigesa, em Campinas. No início tínhamos 40%, em sociedade com a General Electric (GE), que também tinha 40%, e o banco Safra, que ficou com 20%. Ficamos com a participação acionária, apenas, sem ingerência na nova companhia. No fim das contas, como era só um investimento, e não tínhamos mais nada a contribuir, acabamos vendendo nossa parte para a GE. A empresa continuou muito bem, conhecida pela qualidade dos seus motores.

Ficamos com Aços e Elevadores. Ainda assim, a redução da empresa não resolvia nosso problema de rentabilidade. Meu ex-cunhado, José Guimarães, pareceu por um tempo concordar com tudo e conversou com o próprio Ichak Adizes para voltar a uma posição executiva. Naquela época, o Rubens Tibiriçá, vice-presidente de Elevadores Atlas, que dirigia a empresa, e a fez se tornar um sucesso ainda maior, estava se aposentando. O José se colocou como sucessor do Tibiriçá e o Ichak me convenceu de que era bom colocá-lo lá. Concordei.

Ele geria a empresa literalmente *by the book*. Tinha como modelo o livro do Jack Welch, presidente da GE, que ele seguia página por página. Foi um desastre.

— Vamos tirá-lo.

Depois de cerca de um ano, ele ficou de fora novamente. O resultado foi tão ruim que rapidamente apareceu.

— Olha José, não tem jeito.

Ele saiu da operação, mas não como acionista. Continuou com a salinha dele, ficava ali, no mesmo andar da diretoria, sem ter qualquer função, com duas secretárias, dois automóveis: um exemplo horroroso de governança, não só para a empresa, como para todo mundo.

> *Trabalhei na Villares sete anos, primeiro na Villares Informática, que, com tecnologia da IBM, desenvolveu sistemas de gestão tão bons para a empresa que passaram depois a ser vendidos para outras empresas. Nessa época, surgiram os computadores de médio porte, que podiam rodar softwares administrativos, um novo nicho de mercado. Era uma empresa moderna para a época, que pagava salário variável a seus funcionários, muito antes de isso se tornar uma praxe do mercado. A empresa era tobacco free, novidade para a época. Desenvolvia também computadores para serem utilizados em condições adversas, em fábricas onde se trabalhava em altas temperaturas. Por isso, chegamos a fazer computadores até para o Amyr Klink, navegador que também velejava em condições extremas.*

Nessa época, houve a decisão de concentrar os negócios do grupo em siderurgia e elevadores, com a instrução de fechar outros setores, vendê-los ou uni-los a líderes nos seus segmentos. Equipamentos foi vendida para Nelson Tanure. Participei da passagem da Villares Informática para ser uma joint venture com a IBM, chamada IVIX (IBM e Villares Informática — o X era uma referência ao equipamento que usávamos). Ficamos com 50%, fórmula que não durou muito tempo, porque eles vendiam tecnologia para a própria empresa, faziam o preço, e, portanto, o lucro. Voltei como gerente da IVIX, após fazer mestrado no MIT, e fiquei mais três anos, quando ela foi vendida para o GE Capital, fundo que colocava dinheiro em operações de private equity na área tecnológica, naquela época, e fui depois gerente geral da IT Solutions, antes de trabalhar na Natura, o que me manteve à margem do desmonte final da Villares, um período muito tumultuado na família, com meu pai brigando com os irmãos e meus primos.

PEDRO CRUZ VILLARES

O ano de 1994, em que fechamos Equipamentos, foi também o de implantação do Plano Real, para nós muito difícil. O presidente Itamar Franco, vice que assumiu o posto com a saída de Fernando Collor, demitiu vários antecessores até tirar Fernando Henrique Cardoso de sua cadeira no Ministério de Relações Exteriores para dirigir a economia do país. Clóvis Carvalho, economista que trabalhava conosco e conhecia Fernando Henrique de longa data, tornou-se principal homem do ministério.

Fernando Henrique pediu ao Clóvis para reunir um número de economistas, de modo a dar ideias de um plano de estabilização. Coube a ele escolher, chamar e depois coordenar essa equipe. Aplicou os princípios do Ichak Adizes para organizar aquele trabalho. Foi o responsável, de certa maneira, pelo Plano Real. Eles criaram uma paridade do real com o dólar, na prática dolarizando a economia, o que provocou um grande rombo nas contas de quem tinha dívida em dólar, como nós, e receita em real.

A supervalorização da moeda brasileira, colocada em paridade com o dólar, encareceu e dificultou as exportações, que tinham sido a nossa saída ao longo de todos aqueles anos com um difícil mercado interno. Apesar de todos os nossos esforços, que implicaram uma mudança grande, a situação piorou.

Quando terminou o governo do Itamar, Clóvis voltou para a Villares como vice-presidente, para dirigir a área do Instituto Villares, criado para manter o trabalho do Adizes como uma cultura dentro da empresa e que chegou a prestar serviços para outras empresas. Porém logo foi de novo para o governo, quando o Fernando Henrique foi eleito presidente e o chamou para ser seu ministro da Casa Civil. No seu segundo governo, em 1999, o presidente colocou Clóvis no Ministério do Desenvolvimento, da Indústria e Comércio. Creio, porém, que ele não dava a mesma importância que eu à política industrial.

Nunca fui para Brasília cobrar do Clóvis o que devia fazer, nem pedir nada. No governo, durante todo o tempo em que ficou, fez política. Uma vez em que estive lá com ele, perguntei:

— Qual o plano de vocês?

— Temos de fazer a reforma política. Mudar toda a estrutura do país, dos sindicatos e assim por diante.

Pensei: *não vai sair nada*. Fernando Henrique e toda a sua equipe foram levados pelos demais políticos. É o que ocorre com todos, mesmo os de boas intenções, em Brasília. Aconteceu o que eles pretendiam? Não.

Não sei por que os bem-intencionados desanimam. Caso típico do Olavo Setúbal, que foi prefeito de São Paulo, de 1975 a 1979. Era sério, bem-sucedido. Ao sair da prefeitura, não conseguiu a indicação do partido para disputar o governo do estado de São Paulo. Voltou para a empresa, como se não tivesse acontecido nada.

Tive duas passagens pela Villares, a primeira como gerente de implantação dos sistemas de gerenciamento, a segunda na área de desenvolvimento de recursos humanos, que cuidava do Instituto Villares, pioneiro no desenvolvimento gerencial das suas lideranças. Foi um período muito importante na minha vida, com a influência dos consultores trazidos à empresa pelo Paulo, o Jagdish Parikh, muito conhecido por trazer conceitos da filosofia oriental aos negócios, autor do Managing Your Self, além do Ichak Adizes e do Victor Pinedo. Paulo tinha consciência de que adaptar a gestão às mudanças no mundo era fundamental — e, como dizia o Adizes, era preciso gerenciar a mudança, especialmente num grupo tão grande: quando saí, tinha 25 empresas e 45 mil funcionários.

Esse conhecimento foi também importante quando fui encarregado de coordenar o trabalho da equipe que desenvolveu o Plano Real, desenvolvido num período curto, entre 25 de maio e 7 de dezembro de 1993, quando o então ministro Fernando Henrique assinou a exposição de motivos que instalou o plano que estabilizava a economia brasileira depois de muitos anos de inflação. Com a metodologia do Adizes, conseguimos construir uma convergência básica entre aqueles economistas estrelados para chegar a proposições concretas, que levavam em conta os fracassos do passado, dentro do espírito que tinha sido proposto pelo ministro: fazer um plano transparente, sem susto, sem confiscos, selecionando quem podia ajudar em vez de atrapalhar nas tomadas de decisão. Sobretudo, estava no espírito de que, para ter um resultado diferente, era preciso pensar e fazer diferente.

Apesar de ser um magnata, o Paulo sempre teve um sentimento de brasilidade. Enxergava o Brasil como um todo, graças à formação que tinha. Tinha a visão de que indústria não é commodity, e também da importância do serviço, que vinha da experiência da família com o negócio dos elevadores. E não fazia restrições ideológicas, como no meu caso, já que poderia me considerar um esquerdista, com convicções da social democracia, desde os tempos de ativista estudantil, na Politécnica da USP. Depois do ministério, voltei à Villares como vice-presidente, estava muito bem e não queria voltar ao governo, mas o presidente então eleito, numa sexta-feira, me convenceu de que aquela era a oportunidade de fazermos as mudanças que sempre tínhamos desejado para o país. Dei a notícia ao Paulo no domingo, num encontro festivo na casa do André Musetti.

> *Procuramos no governo dar assistência a todas as empresas que sofreram o impacto com o câmbio, enquanto as bases para a economia em geral melhoravam, com a busca pelo equilíbrio fiscal, depois as coisas melhoraram, com a flutuação do câmbio. Fiquei apenas três meses no ministério do Desenvolvimento, Indústria e Comércio, saindo depois de uma discussão pública com o então ministro da Fazenda, Pedro Malan. Em vez de apenas usufruir do sucesso do Plano Real, eu achava que o governo devia avançar mais rápido, ser mais ousado, fazer mais, sem medo das consequências. E disse a ele, num seminário, como um desafio, que "a falta de ousadia pode ser caracterizada como covardia". Não bastava só cuidar do equilíbrio fiscal. Ainda creio que faltou isto, algo que o Paulo fez nas suas empresas, mas o Brasil, não.*
>
> CLÓVIS DE BARROS CARVALHO

Meu ex-cunhado José Guimarães, de volta à sua salinha, na Villares, sem ter uma função, tinha um irmão vice-presidente e tesoureiro do Itaú. Estava feito o prato: ele podia influenciar os bancos até para a concessão de empréstimos. Em 1995, chamou o Jorge Paulo Lemann, do Banco Garantia, muito amigo meu, e disse a ele que, com os demais filhos do Alfredo, mais o Luiz, queria vender a parte deles no controle das Indústrias Villares. Tinham 45%.

Puseram à venda as ações sem me falar, sabendo que havia o acordo de acionistas válido até o final de 1995, pelo qual nada podia ser feito até lá. Quando eu disse que tinha interesse em comprar, ficaram quietos. Preferiram deixar o acordo vencer, para fazer o que quisessem.

Dada a natureza do mercado financeiro, um meio em que não há segredos, no dia seguinte à assinatura do contrato com o Lemann, eu fiquei sabendo do que estava acontecendo. Se eles queriam vender sua participação, tudo bem. Porém não precisava ser daquela forma: bastaria terem me avisado.

Do meu lado ficou minha irmã mais velha, Elisa Villares Lenz Cesar, e um primo, Mário Ramos Villares, filho de meu tio Alfredo. Juntos, tínhamos 27% das ações de controle. A saída seria comprar os 45% do lado de lá da família. Como eu mesmo não tinha dinheiro para tanto, comecei a trabalhar para encontrar alguém que comprasse.

Havia naquele momento um comprador bem claro para uma participação na empresa: a Acesita. Desde que assumiu a presidência da empresa, o Wilson Brumer achava que era muito importante para ela fazer alguma composição com Aços Villares.

Já tinha feito uma oferta para comprar a empresa, mas, na época, eu não queria vender. É claro que o outro lado da família achou uma maravilha. Cheguei a fazer uma aposta com o Junqueira, de que a empresa não seria vendida. E não foi. Eu não tinha qualquer outro argumento, a não ser que eu achava que o potencial de Aços Villares era muito grande e a gente deveria manter o que era o legado familiar. O resto da empresa, especialmente Elevadores, nem se cogitava vender.

Informamos ao Brumer que não iríamos vender Aços Villares. Porém a Acesita ficou por ali, à espera. Na cabeça dele, Brumer, seria muito importante ter Aços Villares na Acesita, que produzia mais inox e só uma parte de aços especiais. A produção das duas empresas se complementava, era interessante.

Perto do fim do prazo do acordo de acionistas, quando eles podiam de fato vender as ações e fiquei sabendo que o outro lado da família tinha contratado o Garantia para vender a parte dela, fiquei alerta. Conversando muito com o Brumer, pensei com ele numa composição, de um controle tri partite de forma que nenhum grupo sozinho tivesse mais de 50% da companhia, mas dois sempre sim, o que aliás com o tempo, mostrou funcionar perfeitamente bem.

No início, a gente não tinha ainda claro como seria. Mais tarde, ficou assim: nós da família que queríamos ficar no negócio — eu, minha irmã Elisa e meu primo Mário — teríamos 40%; o Brumer, como Acesita, outros 40%. Ficavam 10% das ações no mercado nas mãos de alguém que nunca soubemos quem era: um certo "japonês". Precisávamos de mais alguém, para complementar, com mais 10%.

Havia mais um sócio para dividir o controle conosco: o Juan Enrique Werner Rassmuss, investidor alemão, que trabalhava no Peru e morava no Chile, tinha participação em muitas empresas e adorava Aços Villares. Eu o coloquei no conselho de administração e ele estava sempre lá. Com ele, ficariam os outros 10%.

Era essa a estratégia. Meu ex-cunhado José Guimarães, porém, dizia abertamente:

— Para o Paulo, não vendo.

As empresas já sentiam o reflexo do mercado financeiro, que, sabendo desse problema interno muito grave, começou a lhes cortar o crédito. Por fim, meu ex-cunhado acabou concordando.

O acordo de acionistas que tínhamos na família venceu em dezembro de 1995. Em janeiro de 1996, no entanto, ele nos deu, para uma negociação daquele porte, uma opção de incríveis cinco dias para eu realizar a proposta — algo completamente maluco!! Pior: na hora em que abri o envelope, com o valor que os vendedores estavam pedindo, era o dobro do que achávamos que devíamos pagar pela parte deles em todo o grupo de empresas.

Recebemos a proposta na sexta-feira, portanto, e tínhamos só cinco dias para realizar o negócio, pelo dobro do preço. Rassmuss disse que, por aquele dinheiro, não interessava.

— Vamos então buscar um banco com interesse no potencial da empresa — disse o Brumer. — Daqui a três anos, ele sai, se quiser.

No sábado, o Wilson Brumer conversou com um amigo dele, Felipe Cavalcanti, presidente do Banco Sul América. Pediu que eu fosse falar com ele pessoalmente. Estava em casa, fazendo churrasco para os filhos.

— Eu entro no negócio — ele me disse.

Faltava ainda o Brumer convencer a diretoria da Acesita. Aluguei um avião e amanheci domingo em Belo Horizonte. O Brumer reuniu os diretores na cozinha do apartamento dele. Concordaram.

Felipe então pediu para ficar com 20%, e que eu, minha irmã e meu primo Mário assumíssemos um compromisso de pagarmos a metade da parte dele após três anos, pois a outra parte seria paga pela Acesita.

Entramos eu, minha irmã e meu primo com 32,6%, Acesita com outros 31% e o Sul América ficou com 20%, para que pudesse ter um representante no Conselho.

Segunda-feira, fechamos o negócio: compramos a outra parte da família na empresa. Eles não acreditaram que viéssemos com o cheque no valor que pretendiam!

Apesar de termos resolvido a situação, todo aquele processo me doeu profundamente. Antunes, meu segundo pai, dizia:

— Não existe perdão, existe esquecimento.

Até hoje, porém, não consigo esquecer o que eles fizeram.

Meu ex-cunhado colocou o dinheiro no bolso e sumiu. Maria, minha irmã, artista plástica e esposa dele, não avaliava muito bem a gravidade do que aconteceu. Minha irmã Elisa fez um esforço enorme de reaproximação familiar com o outro lado da família que saiu da empresa e até conseguiu, antes de falecer, em agosto de 2024.

Em 1995, fiquei na presidência da empresa, agora tendo o banco e a Acesita como sócios. Dessa forma, seguimos em frente. E aquele período, sem problemas familiares, apesar das dificuldades, foi o melhor da minha vida.

Como uma visão de família, constituída por irmãos e primos, a Villares sempre esteve unida por um acordo de acionistas que permitia uma convivência harmoniosa e que permitia o reinvestimento dos recursos em novos projetos. A empresa evoluiu dessa forma, até que o acordo de acionistas expirou. A maior parte dos primos e irmãos não quis ficar na companhia e eles preferiram vender suas ações. Paulo era o maior acionista individual, mas, juntos, os demais formavam a maioria. Ele não queria deixar o patrimônio criado por seu pai e por ele ser dividido. Quis comprar a parte dos irmãos e primos, mas não tinha dinheiro para isto. Teve de recorrer a dois estranhos: a Acesita, uma outra siderúrgica, e um banco, sem interesse na companhia exceto comprar para depois vender, com lucro. Quando o banco decidiu realizar seus ganhos, a empresa foi enfim desmanchada, com a venda das suas partes, o que foi uma pena. Esse resultado mostra apenas a sabedoria do doutor Luiz, que havia entrelaçado os ideais da Villares por meio do acordo de acionistas, que não foi renovado — não porque havia dificuldades de gestão, mas pela opção pessoal de cada um.

FERNANDO HILSENBECK

O Sul América aceitou não sair após três anos. Naquele momento, não tínhamos dinheiro para pagar a parte deles — e argumentei que podiam esperar por uma valorização maior. Concordaram em ficar mais dois anos.

Para pagar a parte deles, a ser quitada ao fim desse período, fui ao Olavo Setúbal pedir um empréstimo. Ele disse que me arranjava o dinheiro, mas tinha de ser em dólar.

A siderurgia estava indo mal. O Plano Real tinha sobrevalorizado a moeda e a Aços Villares, que sempre exportava cerca de 60% de sua produção, sofria com um faturamento em dólares e um custo em reais, supervalorizados.

Saímos atrás de possíveis investidores. Os primeiros a aparecer foram chilenos, da Compañía de Aceros del Pacífico. Fui ao Chile tratar com eles, mas achamos que não tinham condição: eram uma empresa básica, de aços planos, muito menor que nós mesmos.

No final, foi feito um aumento de capital, por meio do qual passamos o controle para a Sidenor, uma empresa espanhola. A Aços Villares compreendia quatro fábricas — Pindamonhangaba, Mogi das Cruzes, Sorocaba e Sumaré. Era um parque industrial também muito maior do que o que eles tinham na Espanha. Fizeram o negócio com a condição de que o BNDES também subscrevesse o capital, bem como nós, da família.

Nós nos tornamos então sócios minoritários. A Sidenor assumiu a administração e logo em seguida, em janeiro de 1999, veio a maxidesvalorização do real. O dólar caiu cerca de 30%, reduzindo o endividamento e dando rentabilidade à exportação. Para eles, foi uma maravilha: a Villares Metals passou a ser competitiva outra vez no mercado internacional. Para a empresa foi um pouco de sorte.

Para nós da família, porém, a maxidesvalorização foi outro golpe, uma vez que tínhamos contraído uma dívida em dólar para pagar o Sul América. Não tínhamos como honrar aquele financiamento, exceto vendendo Elevadores Atlas. Não sei dizer se teríamos conseguido aguentar um pouco mais sem nos desfazermos da companhia. Porém eu recebia muita pressão para vender. Foi um final tumultuado, ruim para mim pessoalmente.

Elevadores Atlas estava super bem: tinha recuperado o domínio da tecnologia. Era líder de mercado, disputando sobretudo com a Otis. Vendê-la muito me custou, demais, por ser a primeira empresa do grupo, fundada por meu pai, origem de tudo.

Eu havia resistido àquilo muito tempo. A Thyssenkrupp já tinha me convidado para um encontro em Madri. Douraram a pílula, dizendo que queriam apenas uma participação na empresa. Fui à Espanha conversar com eles: ao chegar lá, porém, na conversa, em um café da manhã, disseram que o interesse deles era mesmo pelo controle da companhia, que responderia à estrutura deles, na Espanha.

— Então acabou aqui o café da manhã — eu disse. — Muito prazer.

Ainda visitei as fábricas deles, mas resistia a fazer negócio. Eles acabaram depois comprando a Elevadores Sür, companhia gaúcha, na qual puseram tecnologia nova.

A venda de Elevadores Atlas, no fim, foi decisão minha. Para liquidar a dívida com o banco, vendemos a Atlas para a Schindler, empresa suíça, que há muito tempo vinha querendo fazer negócio e concentrava-se mais no Rio de Janeiro — único mercado no Brasil onde não conseguíamos ter a liderança, pois no Rio de Janeiro a preferência era por elevadores menores e de baixa qualidade.

Apesar das dificuldades, desde que deixamos de dividir a empresa com a parte da família liderada pelo meu ex-cunhado José Guimarães, tivemos anos ótimos. A Vibasa produzia muito. Elevadores, que passou alguns anos sem ganhar dinheiro, pois estava muito pesada, com muita gente, gerando um aumento de custos, foi levada para Londrina, no Paraná, e reestruturada com um trabalho extraordinário de Plínio Musetti, que ocupava então a vice-presidência da empresa. Era diferente de Equipamentos, que não tinha jeito.

O problema de fabricar elevador é que, como no caso do aço especial, era produzido de acordo com as especificações do projeto. O arquiteto dava a dimensão do elevador e a gente tinha de segui-la. Não conseguíamos padronizar os elevadores, o que traria economia de escala. Acabamos convencendo o mercado a escolher os elevadores dentro de linhas que tínhamos: o projeto tinha de partir do elevador, e não o elevador do projeto.

Essa mudança melhorou muito a nossa rentabilidade. Elevadores Atlas recuperou sua solidez financeira. Porém tive de tomar a decisão de vendê-la para liquidar as dívidas. O dia de 23 de maio de 1999, em que assinei a venda de Elevadores para a Schindler, foi o mais triste da minha vida. Chegou em casa aquela montanha de papel para assinar. Por coincidência, era o dia do meu aniversário e eu iria fazer uma recepção em casa, à noite.

Depois da morte dos fundadores — Alfredo, em 1966, e Luiz, em 1988 —, quando a empresa passou a ser dirigida pela segunda geração, quem não trabalhava na empresa, sobretudo, se ressentiu daqueles anos por depender de receber dividendos, que a empresa deixou de pagar naquele período mais duro. Para tirar recursos da empresa, não havia solução mais imediata: havia ainda um grande trabalho de recuperação. Seis dos nove herdeiros, que tinham 40% de participação na empresa, decidiram vender sua parte.

Havia um acordo de acionistas, pelo qual quem saísse se obrigava a vender suas ações aos outros acionistas pelo melhor preço que obtivessem no mercado. Liderava esse grupo o José Guimarães, marido da Maria, que era advogado e sempre trabalhou na área financeira do grupo. Estavam desse mesmo lado outros dois vice-presidentes: André Musetti, genro do doutor Alfredo, executivo da área da siderurgia, e Carlos Villares, primo-irmão do Paulo, que cuidava de Villares Equipamentos. Eles tinham se dado bem entre si por 30 anos; porém os interesses não mais coincidiam. A suspensão do pagamento dos dividendos entornou o caldo. Eles contrataram o banco Garantia para vender aquele bloco importante. Quem apareceu como interessado foi a Acesita, que fazia aço, mas não tinha a área de aços especiais, e o Sul América, banco que tinha interesse apenas financeiro no negócio. O que fez Paulo? Em vez de ver a venda ser feita à sua revelia, juntou-se ao pessoal que queria comprar a empresa, propondo um controle compartilhado.

Seguiu como presidente do grupo Villares, cujo conselho passou a ter dois representantes no conselho de administração, enquanto o grupo dele tinha três. Ficou nessa situação. Com 33%, ele era sócio minoritário e não tinha dinheiro para comprar a parte dos outros. Para desmobilizar seus investimentos, em 1996, com vistas a vender a Elevadores Atlas, tornamos a empresa independente de Indústrias Villares, que se tornou apenas a holding. O investimento em tecnologia tinha sido importante, porque diminuímos a distância para os líderes e a empresa assim pôde ser vendida em oferta pública, em 1999, por um preço bem melhor, de forma a reduzir o endividamento geral do grupo. Perdemos o controle da empresa, mas ela se capitalizou. Para o Paulo, foi duro. Porém não havia outra solução.

Com o acerto do câmbio, e a transferência do controle a Sidenor, as siderúrgicas passaram a ir muito bem: apenas deixaram de pertencer à família. O preço do aço no mercado internacional se recuperou com a entrada da China como um comprador insaciável. Em 2008, a Sidenor vendeu Aços Villares para a Gerdau, que assim passou a fazer também aços especiais. Em Pindamonhangaba, o complexo industrial ainda é um conjunto imponente. O Paulo preferiu dar um destino mais digno para a família dele e dos funcionários. Terminou essa saga empresarial da família no ramo siderúrgico pagando todos os seus débitos. É dignificante. Uma coisa é andar direito quando tudo está bem; outra é ser correto, inclusive na dificuldade.

RUY SOUZA E SILVA

Durante a reestruturação do grupo, surgiu a oportunidade de comprar uma usina de aço inox perto de Bilbao, na Espanha, no início de 1993, pelo braço internacional da empresa, a Villares Steel International (VSI), que tinha uma filial em Nova Jérsei, nos Estados Unidos, que fazia vendas e distribuição. Seria uma maneira de entrar melhor no mercado europeu, com a produção de aços para a construção mecânica, importante para a alavancagem da empresa. No final, por conta da divisão interna na empresa, o projeto de aquisição, que estava negociado, não foi assinado. Essa empresa de Bilbao tinha todas as chances de vencer o leilão de privatização da Acenor, a estatal basca de siderurgia; de fato, logo depois entrou no leilão e venceu. Mais tarde, a Acenor, que podia ter sido da Villares, veio para o Brasil e comprou a própria Villares; depois, veio a Gerdau, que comprou tudo. Na vida e nos negócios, as coisas são assim.

AYRTON JORGE NETO

Olhando agora, em perspectiva, vejo que nossa saída dos negócios não foi um caso isolado. Muito da indústria brasileira, que teve um momento de pujança a partir dos anos 1970, acabou perdendo espaço por disputas familiares entre sucessores, bem como incorporada por companhias multinacionais, justamente pela falta de política industrial, capaz de criar condições para competir em tecnologia, ganhar produtividade e assim concorrer num cenário no qual não há mais proteção de mercado.

É inacreditável, mas, apesar de todo nosso esforço para criar uma nova empresa, com uma cultura fundada no respeito entre as pessoas, muito influenciada pelo Ichak Adizes, esse foi nosso maior problema, e é um dos maiores riscos para qualquer organização. Todos querem um resultado bom, mas ele não acontece por causa do ambiente ruim e de muita política interna. Eu conheci muito bem os presidentes de outras grandes companhias e sei que isso ocorre mesmo em empresas que não são familiares.

Todos os gestores que reconhecem essa politicagem tentam acabar com ela sem sucesso. A sabotagem interna tem de ser substituída por um ambiente de bem-estar. Eu e o Fernando Hilsenbeck reconhecemos logo o valor do Ichak Adizes. Na segunda passagem dele pela empresa, fazia reuniões, conversava, e alguns diretores — a maioria — aceitavam o novo modelo. Fazíamos o mesmo com os trabalhadores. Eu ia na fábrica, pedia ao diretor e ao gerente para reunirem grupos de 20 pessoas, sem os chefes, e conversava. Devagar, eles ganhavam confiança e diziam o que achavam. Depois, eu falava com os chefes.

Esse tipo de atitude fazia uma grande diferença. Queríamos criar um clima de bem-estar, com todos sentindo que lutavam juntos por alguma coisa. Para isso, é preciso uma certa atitude.

A melhor história para ilustrar a importância da união em torno de objetivos em comum é a da construção de uma catedral. Um pedreiro está subindo o morro, carregando uma pedra. Alguém pergunta:

— O que você está fazendo?

— Ora, levando a pedra lá para cima.

Você faz a mesma pergunta para outro pedreiro. E ele responde:

— Eu estou ajudando a construir uma catedral.

Conseguimos construir na Villares esse clima interno, em que todos se sentiam juntos, construindo uma catedral. Faziam parte dela, uma vez construída. Por vezes encontro com gente que trabalhou na Villares naqueles tempos e todos vêm me cumprimentar, dizendo que têm saudades.

Muitas dessas mudanças de cultura vieram com o Vic Pinedo, nosso consultor de planejamento estratégico. Ele reunia grupos de não mais que 20 pessoas, escolhidas entre gente influente na empresa, e dizia:

— Primeiro: qual é a razão de ser da empresa? Vocês fazem o quê?

Essa definição é muito importante, porque funciona como uma peneira. Se sabemos qual nossa razão de ser — produzimos chupetas, por exemplo —, já temos uma direção.

A segunda parte, também muito importante, era essa:

— Sonhar não é apenas permitido: é necessário — dizia o Pinedo. — Vocês têm que sonhar. O que vocês imaginam para a empresa daqui a vinte anos?

Eram vinte anos, e não dez. Depois de um silêncio, o pessoal começava a dar respostas.

Terceiro passo:

— Se em vinte anos queremos ser isso, vamos pensar na distância que a gente está até esse ponto, daqui a vinte anos.

Com esses passos, fica muito claro qual é o V-Zero das pessoas e o que se deve construir para chegar no alvo coletivamente.

São princípios básicos de planejamento. Quando começa a luta para chegar no alvo, existe uma fraternidade e uma união de pensamento muito grandes, pois todos querem construir para chegar lá. Funciona super bem.

Procurei implantar essa metodologia na empresa, assim como um conjunto de valores. Comecei a pensar mais profundamente sobre isso no início dos anos 1980.

Fiquei 18 anos no conselho internacional do banco Chase Manhattan, que não era exatamente um conselho de administração, mas um grupo formado por empresários importantes do mundo inteiro, como o presidente da Fiat, Gianni Agnelli. Nele, estabeleci uma boa amizade com o Henry Kissinger, que foi secretário de Estado do governo americano. Kissinger sempre dizia que queria me convidar para sua linda casa de fim de semana e de fato um dia me convidou. À noite, numa recepção em minha homenagem, uma senhora que eu nem conhecia, veio me perguntar o que eu fazia.

— Eu faço aço... Locomotivas... — disse.

— Que interessante! Você conhece a Westinghouse?

— Sim, claro. Sou licenciado da Westinghouse para fazer elevadores de alta velocidade.

— E conhece a General Electric?

— Sim, também tenho negócios com eles.

— E por que a GE cresceu tão rápido e a Westinghouse declinou?

Como eu conhecia bem ambas as empresas, acendeu uma luz.

— Compare os valores.

— Nunca tinha pensado nisso — ela disse.

Aquilo também me despertou. Voltando ao Brasil, no ciclo de planejamento seguinte com o Vic Pinedo, eu disse a ele:

— Falta no seu processo de planejamento a definição de nossos valores.

E por que isso era importante? O que define o DNA da empresa é o conjunto dos seus valores. Quando você tem clareza de quais são os seus valores, pode identificar quais faltam. É preciso agregá-los, e tirar da empresa quem tem valores diferentes. Não basta ter competência. É preciso que o DNA da pessoa esteja afinado com o da empresa.

Esse exercício, fazíamos sempre. Trabalhávamos na identificação dos valores que queríamos na empresa e também dos que não queríamos. Para termos consciência dos nossos valores pessoais, torna-se rigorosamente necessário conhecer e ter noção clara da origem deles. No meu caso em particular, nunca tive dúvida. Tinha nos meus pais referências extraordinariamente fortes. De meu pai, um exemplo de retidão em sua vida, como em raras pessoas que conheci. De minha mãe, o amor e a dedicação incondicionais à família. Era uma pessoa muito religiosa, protestante evangélica presbiteriana, muito presente em nossas vidas. Procurava sempre trazer harmonia e felicidade para o nosso lar, num convívio intenso entre nós, filhos e netos. Sempre me apoiou e incentivou muito, desde quando, aos 16 anos, fui tirar brevê, como aos 18, quando resolvi aceitar o desafio de meu pai e subir o Matterhorn.

Minha mãe foi fundamental na construção de minha autoconfiança; desde pequeno, sempre me pedia ajuda para resolver problemas complicados. Só viajava de avião se eu fosse o piloto. Mesmo que fosse dia ou noite, com bom ou mau tempo, estava sempre com sua Bíblia na mão.

Assim, com uma convicção sólida de meu DNA, e, por consequência, do das empresas, se nelas tínhamos alguém com valores diferentes, sempre julgava que era melhor que a deixassem. Não conheço pessoas que mudaram seus valores pessoais para assumir os da empresa.

Posso dizer que, com todas as dificuldades, construímos e mantivemos valores que ainda são muito válidos. Um exemplo bem simples que ocorria era quanto à corrupção: pagar propina, comprar o mercado. Diziam que era o normal: todas as empresas faziam, a gente tinha também de fazer. Se dar dinheiro para quem decide era a única forma de obter um contrato, tínhamos de dizer que na nossa empresa não fazíamos isso, ainda que custasse o contrato. Nas minhas empresas todas, esse tipo de comportamento não era permitido, assim como nunca trabalhamos com o conhecido caixa 2.

Naquele ambiente de corrupção generalizada, quando o pessoal vinha me dizer que sem propina não conseguia vender, eu respondia:

— Então não vende.

Quando estourou o escândalo do Collor nos jornais, apareceu lá o nome de meio mundo. O meu, ninguém viu.

O entendimento do DNA é uma forma de mostrar clareza nesse e outros propósitos. Os valores das pessoas têm de coincidir com os valores da empresa. Tivemos de nos desvencilhar de pessoas no caminho, e isso custou muito caro, mas as ideias corretas estavam lá. A Villares ainda existe, incorporada por outras empresas, graças a esse nosso sacrifício e as ideias ainda são muito importantes — não só para a empresa, por sinal, como para o país.

Começamos a namorar no ano 2000, nos casamos em 2004, numa cerimônia linda, em que os pajens foram meus sobrinhos-netos e netos do Paulo e nossos padrinhos foram amigos e nossos filhos.

Durante esse tempo de namoro até o casamento, nossas famílias foram se conhecendo, nossos filhos se aproximando entre si, comigo e com o Paulo, com delicadeza cada vez maior. O Paulo tinha cinco netos, Caco, Bia, Bel, Marina e Fernando. Com os anos, vi nascer Luana, Alice, Pepê, Guilherme e Toti, para quem fui sempre a Vovó Bel. Mais tarde nasceu Vinicius, meu neto, o caçulinha do Vovô Paulo. Nosso afeto, parceria, amor, só aumentavam. Tínhamos e temos os mesmos valores, somos alegres, animados, agregadores, adoramos viajar e nos aventurar. Ah!!! Nada melhor do que uma "casa na água", um barco, outro grande, outro maior, para passearmos com amigos, filhos, indo até a Bahia, ah! e o barco ficava ancorado em Angra dos Reis, longe de São Paulo e nada melhor que um avião, para facilitar nossas idas para o barco... e essa foi uma ótima razão para o Paulo voltar a pilotar, sempre uma de suas paixões. Tudo era aventura, alegria, mas também vivemos surpresas, às vezes aflitivas em relação a saúde — enfrentamos e superamos. Outras surpresas, como festa de aniversário no Hotel Toriba e, ao fazer 80 anos, eu poder realizar o sonho do Paulo e dar de presente um Porsche, o que rendeu muitas brincadeiras entre os amigos. Conversamos muito, andando de mãos dadas em longos passeios. O Paulo é um modelo importante para quem convive com ele em vários aspectos, um deles é como supera crises. Fica triste, chateado, mas dentro da realidade. Tenho uma amiga, muito estudiosa do espiritismo, que, tendo o conhecido, diz que essa deve ser a última encarnação dele, pela forma como vive leve, e também como se relaciona tão generosamente com quem convive e, no caso de desapontamentos, como consegue superá-los sem rancor. Da situação, enfrenta, elabora e supera. Consegue ver uma nova fase, um novo momento!

INABEL VILLARES

Paulo, que se tornou meu conselheiro na Alcoa, assim como eu me tornei conselheiro dele na Villares, pegou um abacaxi grande, com a missão confiada pelo pai dele, de fazer a Villares investir pesado numa indústria que depende de capital intensivo. Essa história é a história deste país, em que empresário acredita em programa de governo. E terminou como a de outros, que enfrentaram esse período entre 1988 e 1994, durante o qual o Brasil só andou para trás. Ele enfrentou a política, o endividamento alto e conseguiu admi-

nistrar a família, os acionistas, os emprestadores. Não saiu do jeito que ele queria no final — administrar na crise é difícil, porque grande parte das coisas não está na sua mão —, mas ele fez tudo o que tinha de fazer.

ALAIN BELDA

Paulo é uma pessoa que conhece as empresas e o mercado, não apenas por conta da Villares como do grande número de empresas com a quais trabalhou, nos conselhos de administração. É racional nas suas decisões, com um perfil de engenheiro, mas, pessoalmente, também muito generoso, além de capaz de aceitar a diferença entre as pessoas e conviver com todas da mesma forma. Pode tanto comer lagosta como um enroladinho de salsicha, que me ofereceu certa vez num bar, no Mato Grosso, dizendo que estava muito bom.

Tem uma relação natural com o dinheiro, sem apego, sempre com objetivos maiores. Enfrentou dificuldades macroeconômicas no comando das empresas, mas conseguiu preservá-las, de modo que existem até hoje. Ele podia ter culpado o governo por ter abandonado o jogo no meio, deixando as empresas com dívidas gigantes e sem as encomendas prometidas, mas ele assumiu a responsabilidade pelo risco. Para ele, o combinado é certo, ou deveria ser: e não é porque o governo não cumpriu sua parte, que ele mudou: continua acreditando.

GUSTAVO CAMPOS

V

Sonhar é preciso

O QUE TRANSFORMA O MUNDO — E QUANDO DIGO MUNDO SÃO AS PESSOAS — É O CONHECIMENTO.

Sempre tive uma admiração incondicional pela figura de meu avô, um homem genial, de quem recebi o nome com muito orgulho, e por isso acreditava que deveria fazer minha carreira nas empresas Villares, onde atuava na área de comércio exterior, no escritório da empresa em Nova York. Tudo mudou de rumo, porém, com a venda das empresas quando eu tinha 35 anos, casado e com filhos, e tive de rever minha vida e carreira. Passei a me interessar pelas questões climáticas e ambientais, trabalhei em ONGs, incluindo a maior e mais importante delas, a Fundação Amazônia Sustentável, fiz a minha própria ONG em Ilhabela e entendi que o maior patrimônio da Villares não eram as empresas, mas a cultura familiar, que aplicamos onde quer que a gente esteja. Foi muito importante a influência do meu pai, que incutiu em nós o espírito do desafio, a partir de iniciativas como a de velejar até o Caribe, quando o mais velho de nós tinha 24 anos, em que fizemos a pequena molecagem de ir até Abrolhos, contra a orientação dele, pois sabia ser algo perigoso.

Acabei fazendo apenas um terço da viagem completa, pois tive hepatite, mas a vela passou a fazer parte da minha vida, vendo ali, como meu pai, um aprendizado que tem muita relação e influência na maneira de fazer negócios. Hoje sou comandante de um veleiro, participando de regatas com oito amigos, que formam a tripulação.

As relações do trabalho com a vela são espetaculares. Primeiro, ela te ensina a velejar com o vento que houver, mesmo no adverso ou na bonança. O vento muda, você tem de mudar a vela. É preciso conjugar a inteligência da navegação com a performance do barco, isto é, andar o mais rápido possível, com o barco que você tem. É preciso escolher o caminho, ou seja, a estratégia, sobretudo quando se veleja contra o vento. Por fim, exige um team building, uma analogia perfeita com a condução de equipes nas empresas, para que cada um possa fazer o seu melhor, colaborando com o conjunto, com foco, produtividade e sem estresse.

Quando trouxe o esporte para a nossa vida, e o espírito do desafio de forma pertinente, meu pai nos deu muita força. Ele foi escolhido pelo meu avô, pai dele, para dirigir as empresas, praticamente não teve escolha, e teve que carregar essa responsabilidade de sucedê-lo. Porém firmou essa maneira de viver a vida, emblemática para mim, como um líder capaz de gerir pessoas em equipes grandes, e sobretudo por dar seguimento não às empresas, mas à valorização do que, em família, faz com que a gente possa crescer novamente, mesmo depois de grandes dificuldades.

LUIZ CRUZ VILLARES

Foi muito importante para mim, e ainda é, o relacionamento com a YPO. Ele começou por meio de um amigo de meu pai, George Davis, norte-americano que comprava e revendia máquinas usadas. Nos Estados Unidos, George comprou a fábrica de automóveis Packard, que havia fechado, e a trouxe para o Brasil. Nela, passaram a ser produzidos os carros da Willys, como o célebre Jeep Willys, a partir de 1953.

Numa das visitas dele ao Brasil, em 1970, meu pai pediu que, como vice-presidente de operações do grupo, eu levasse George para conhecer a fábrica de anéis de pistão em São Bernardo.

— Você ainda não é presidente da companhia — ele me disse. — Mas eu vou falar com seu pai para te fazer presidente logo.

Perguntei a razão.

— Existe uma organização fantástica de empresários com sucesso e que só podem entrar porque foram presidentes com menos de 40 anos de idade.

Eu tinha 36.

Dois anos depois, liguei para o George.

— Agora sou presidente — disse.

— Então vou te apresentar a YPO.

Naquela ocasião, o propósito da organização era "*education and idea exchange*" — educação e troca de conhecimento. Ela foi formada a partir de filhos de combatentes que morreram na Segunda Mundial, de quem herdaram negócios, sem ter experiência de como tocá-los. Resolveram se juntar para trocar ideias, num tempo em que não havia consultores, nem livros que ensinassem como administrar.

O sentido era organizar os negócios. Na época em que a conheci, a YPO tinha cerca de 3 mil membros, principalmente nos Estados Unidos. Para mim, participar dos eventos era superimportante. Descobri o Ichak Adizes numa "universidade", a do Havaí — eventos de uma semana, com sessões de aulas desde a manhã, que eram para empresários, homens ou mulheres, com os respectivos maridos e esposas. Mais tarde, esses eventos se estenderam para toda a família, uma mudança que partiu de uma sugestão minha.

Nesses encontros, a gente podia conhecer consultores que no Brasil não existiam. Eles aconteciam em diversos lugares. O primeiro que vi, em 1972, foi em Acapulco, no México, no hotel Acapulco Princess. Pertencia ao Daniel Keith Ludwig, dono do projeto Jari, na Amazônia, que ele pretendia transformar num celeiro do mundo, produzindo celulose e alimentos. Ronald Reagan, presidente dos Estados Unidos, foi um dos palestrantes.

Os eventos começavam com ginástica, pela manhã, e sempre aconteciam coisas extraordinárias — uma marca da organização, cujo lema é o de que tudo é possível, e para realizar coisas supostamente impossíveis é preciso fazer algo diferente. Nesse evento de Acapulco, por exemplo, durante o jantar de recepção, apareceu um elefante.

Foi numa dessas universidades que conheci o Ichak Adizes. Havia várias aulas e cada um escolhia o que assistir — uma experiência muito rica. Quando vi a apresentação dele, pensei: *ou ele é um pensador espetacular ou uma falsidade absoluta*. Convidei-o para jantar.

Na década de 1970, as reuniões da YPO eram importantes para conversar sobre gestão e fazer networking. Hoje, como há muito acesso ao conhecimento, o maior valor para os YPOers é fazer relacionamento. Eles promovem os eventos mais malucos do mundo, porque isso aproxima as pessoas. Outra característica é que a organização tem uma secretaria, e só. São os próprios YPOers que preparam o evento, fazendo tudo de forma voluntária.

A YPO tem capítulos — células locais, que promovem eventos também locais, independentemente das universidades. Como é muito trabalho, o presidente de cada Capítulo tem mandato de apenas um ano. No tempo em que entrei, não havia Capítulos fora dos Estados Unidos. Passei a pertencer ao chamado Capítulo Internacional, no qual me convidaram para fazer parte do conselho mundial e pude entender melhor como era a organização. Fui a várias reuniões como conselheiro. Viajava bastante como representante do Brasil na YPO.

De repente, em 1978, me disseram que eu precisava formar um Capítulo no país.

— É algo natural: para crescermos, é preciso fazer Capítulos. E para o ano que vem, você tem de organizar uma universidade no Brasil.

E agora? Saí procurando gente interessada em entrar para a YPO. Fiz uma lista de pessoas com aquele perfil: todos presidentes com menos de 40 anos e donos de um negócio com um tamanho mínimo, que naquele tempo era algo como um faturamento anual de 3 milhões de dólares.

Alguns recusavam o convite: diziam que iam para Brasília, falavam com os ministros direto, não precisavam pertencer a organização alguma. Não entendiam o objetivo da organização e ainda desdenhavam: chamavam os meus convidados de "bagrinhos". Consegui 15 pessoas para formar o Capítulo brasileiro, como primeiros membros que, como quaisquer membros de outros Capítulos, trabalham para organizar a universidade.

Eu nem sabia, mas antes de mim já havia um outro YPOer brasileiro: o Hans Stern, dono da joalheria H. Stern. Ele, porém, muito fechado, quase não se dava com ninguém. Era tão *low profile* que só vim a saber que ele pertencia à organização bem depois, quando dei um jantar na minha casa, e ele apareceu, pouco antes de sua morte, em 2007.

Na "lista dos bagrinhos", estava o Luís Eduardo Campelo, de quem eu era muito amigo e cujo pai era um "bagrão", dono de uma indústria de alumínio. Tinha o Dick Elefante, Flávio Musa, que foi presidente da VASP.

Como não havia assessoramento técnico, arregaçamos as mangas. Fizemos a abertura da universidade com um evento no Cassino da Urca, com uma escola de samba. O Israel Klabin, muito amigo meu, prefeito do Rio de Janeiro, colaborou. Na entrada, havia moças segurando bandeiras dos diversos países. Uma delas desmaiou: acabou sendo a surpresa do evento.

As universidades eram financiadas pelas empresas, que pagavam pela viagem dos membros da organização. Tínhamos obviamente que ter um tesoureiro no Capítulo, uma parte complicada, porque a YPO nunca mandou dinheiro para ninguém.

O mais importante nas reuniões da YPO são os fóruns — grupos locais de dez pessoas, onze no máximo, que se reúnem por uma tarde para discutir qualquer assunto, ou todos os assuntos, desde os ligados à companhia das pessoas até os familiares. Há muitos temas em comum. Cada grupo tem um coordenador, que também disciplina as reuniões. Tudo é extremamente confidencial. Quem participa do fórum não pode contar nada, inclusive em casa.

A primeira pergunta de cada reunião é: quem tem um assunto? E se pode tratar daquilo de forma mais longa. Participo há 20 anos de um fórum, que se reúne regularmente. As reuniões em sua maioria são marcadas, mas às vezes há reuniões de urgência para dar apoio a alguém. Por exemplo, uma vez um YPOer avisou: “Tenho um filho que sumiu”. Em outra ocasião, um membro do meu fórum estava na polícia, preso, por uma razão absurda.

No fim, ficamos grandes amigos. O meu fórum, de mais de 20 anos, já virou quase algo social: fazemos almoços, jantares, encontros de fim de ano, com as esposas inclusive. Quando vem alguém de fora, às vezes pede para participar. O coordenador sugere o fórum em que ele deve entrar e ele pode ou não ser aceito.

Como a YPO é sempre uma organização de pares, começamos a organizar um evento familiar em Campos do Jordão e trazer os filhos. Deu tão certo que o pessoal soube no resto do mundo. Criaram assim as universidades familiares. A primeira foi em Orlando, na Flórida. Num dos eventos, foi convidado o Henry Kissinger, que meus filhos conheceram nessa ocasião.

Os fóruns familiares tomaram um tamanho enorme. Os filhos, porém, também tinham de ser presidentes antes dos 40 anos: há uma regra a ser cumprida. Hoje os filhos dos filhos cresceram. Com 49 anos, saí da YPO. Vários membros, amigos meus não saíram: passei um período de quase dez anos sem participar das reuniões. Nesse tempo, criaram um Capítulo para quem tinha mais de 40 anos, a YPO Gold, que começou a crescer mais que a própria YPO. Com o tempo, por motivos financeiros, propuseram uma fusão das duas organizações.

Aquela resistência inicial em participar da YPO mostra bem a pequenez do empresariado brasileiro. Nas universidades, a gente começa a compreender o que é o mundo. O empresário brasileiro, porém, ainda acha que indo para Brasília terá seus problemas resolvidos.

Isso tem de mudar e aos poucos está mudando. A YPO cresceu e hoje em dia, somente em São Paulo, tem 3 mil membros em diversos Capítulos. Entrar não é tão fácil: cada candidato passa por uma avaliação prévia. Essa experiência traz mudanças muito importantes para quem a tem. A YPO traz conhecimento, networking, oportunidades.

Um exemplo é o Clara Resorts, com hotéis em Ibiúna e Rio Claro, no interior de São Paulo. Num evento para crianças, um amigo em comum me apresentou aos donos. Na conversa, eu os cumprimentei pela organização do hotel. Perguntei como tinham conseguido realizar tudo aquilo.

— Você conhece uma organização chamada YPO?

Ambos tinham seus negócios — ele é industrial, ela gerencia os resorts — e tinham sido presidentes dos seus respectivos Capítulos.

O que transforma o mundo — e quando digo mundo são as pessoas — é o conhecimento.

> *O Paulo gosta de desafios. O pai dele propôs que subisse os Alpes suíços, mas quando a gente pergunta a ele por que ele realmente quis ir, responde: "Porque eles estão lá". Esse é o espírito de quem quer realizar coisas realmente grandes, como as que ele fez, como a fábrica de Pindamonhangaba, uma coisa espetacular. Adora voar, sempre tranquilo, mesmo diante de situações adversas, o que é também importante, para um empresário com negócios do tamanho que ele fez. E adora carros esportivos, sobretudo Porsche e BMW. Ao vê-lo andar de Porsche, aos 88 anos, alguém pode dizer: é um playboy. Mas não: ele gosta do arranque, de ouvir o barulho do motor, é algo com o seu espírito de homem audacioso.*
>
> *Para ele, o importante nos negócios nunca foi o dinheiro, mas a realização, a vontade de fazer coisas*

grandes. E fazer do jeito certo: é extremamente idealista. Acredita em princípios éticos e morais, de lealdade, de honestidade, de integridade. Sofre porque acreditou nas promessas dos políticos, que foram quebradas, mas ainda acredita que o Brasil tem jeito. Seu maior legado não são as empresas, que ainda existem, e sim as ideias, e o exemplo.

Poucos empresários da geração do Paulo tinham essa visão internacional, que ele adquiriu com sua experiência no exterior, primeiro estudando, depois fazendo negócios. Quando teve que exportar, abriu caminhos que naquele tempo ainda eram muito difíceis. Foi vender aço atrás da Cortina de Ferro na Rússia, onde ficou num hotel para estrangeiros, que tinha um guarda fiscalizando cada andar, e onde cada hóspede recebia um sabonete racionado. Foi também pioneiro em fazer negócios com a China, num tempo em que ninguém entrava lá.

Sua história tem o Lula e o Alckmin, presidente e vice-presidente da República, e gente como Henry Kissinger, que ele conheceu como conselheiro do banco Chase. Sempre pensou e viveu grande, do tamanho que achava que tinha de ser o Brasil.

EDUARDO MARCONDES

Perdemos, ainda no governo Fernando Henrique, a oportunidade de criar uma política industrial no Brasil. O Klaus Schwab, presidente executivo do World Economic Forum, me convidou para participar do conselho da organização. Para a organização de um dos seus eventos, em São Paulo, com o então presidente Fernando Henrique, ele me ligou, querendo uma sugestão do que perguntar. Respondi que perguntasse sobre como o presidente via o futuro. Todos os presentes, como Carlos Menem, da Argentina, saíram-se bem em suas respostas. Fernando Henrique, porém, engasgou.

Ninguém do governo, ou mesmo os empresários, deu importância devida à política industrial. O resultado é o Brasil que temos hoje, com uma perda de competitividade muito grande em relação ao mercado mundial, causa do processo de desindustrialização, que diminui muito a riqueza de um país. Não adianta termos um setor agrário muito forte, porque não é daí que vem o emprego. E a indústria brasileira sofre.

De todas as minhas utopias, a ideia de criar uma política industrial para o Brasil foi a que menos deu certo. Eu tinha de partir de casa — e, na Villares, criei grupos de trabalho nas diversas empresas para estudar a política industrial de diferentes países para entendermos o que devia ser feito. O pessoal de Equipamentos Villares entendeu, assim, que tínhamos ficado tão para trás não apenas como empresa, mas como país, que não tinha jeito. Ficou claro para todos o que devia ser feito. Muitos industriais da minha geração fecharam ou venderam seus negócios, como nós. O país, como um todo, deixou de competir no mercado internacionalizado.

Não houve o entendimento do empresariado brasileiro de que não devia trabalhar somente com tecnologia que vinha de fora, porque isso termina com o tempo. Quem detinha a tecnologia veio para cá. A fábrica de Equipamentos Villares está lá no mesmo lugar, continua produzindo, mas é agora de uma empresa alemã, que aproveitou suas instalações para fazer turbinas hidráulicas.

Coletivamente, faltou a utopia de fazer o Brasil ser maior do que o mercado interno. Sempre acreditamos que éramos um gigante autossuficiente. Mas não somos grandes o suficiente para competir com o mundo inteiro. Se você tem um negócio com tecnologia, compete. Sem isso, não.

Um exemplo: a WEG. Faz motores elétricos, com tecnologia própria e vende ou exporta para o mundo inteiro, com fábricas em vários países, inclusive na China. Nós, primeiro em Santo Amaro, depois em Campinas, na Gevisa — de GE, Villares e Safra, também tínhamos tecnologia, para fazer motores elétricos de qualquer tamanho. No caso de aços especiais, quando começamos a exportar e competir, as empresas estrangeiras pararam de nos dar tecnologia. Fizemos laboratórios de pesquisa de nível internacional.

Desenvolvíamos tecnologia própria e competíamos. As empresas que tinham tecnologia, sobreviveram.

O que falta no Brasil, porém, ainda é isso: apoio para que as empresas possam desenvolver tecnologia própria. É uma conduta diferente em relação a como conduzir empresas em um país desenvolvido.

Eu já tinha vendido as siderúrgicas e a Elevadores Atlas, ainda participava do conselho de administração de algumas companhias, e estava até feliz assim, quando apareceu o Bengt Hallqvist e me pediu para entrar também no conselho do Instituto Brasileiro de Governança Corporativa (IBGC), que ele havia criado. Eu já tinha participado da entidade numa época em que nem havia ainda essa expressão, "governança corporativa". O IBGC então chamava Instituto para Conselheiros de Administração. Achei que com minha experiência em conselhos de administração, tanto os que funcionavam, como os que não funcionavam, eu poderia contribuir mais.

Entrei para o IBGC e depois de dois anos o conselho me elegeu presidente da entidade por dois mandatos consecutivos, entre 2000 e 2004. Era uma tarefa hercúlea. Muitos dos presidentes, para quem eu olhava com enorme respeito, incluindo de empresas internacionais gigantescas, mais tarde acabaram na imprensa por crimes que iam contra todos os preceitos de governança. Muito em função dessa crise, o conceito de governança passou a ter mais importância.

Ciente dessas minhas preocupações, o então governador de São Paulo, Geraldo Alckmin, que conheci quando implantamos a Vibasa durante a prefeitura dele em Pindamonhangaba, me convidou para ser presidente do Instituto de Pesquisas Tecnológicas do estado de São Paulo (IPT), ligado à USP. Alckmin me pediu para introduzir ali normas de governança corporativa. Foi um trabalho voluntário, que fiz e deu muito resultado, com dinheiro que eu mesmo captei de empresas como a Embraer de maneira a poder contratar uma consultoria. Porém enfrentei muita briga lá dentro.

— Confiem em mim — eu dizia.

— Mas por que vamos confiar em você?

Eles estavam ali fazia décadas, resistiram a todas as mudanças. Quando Alckmin saiu do governo, e entrou o José Serra, em 2006, pedi demissão. O Serra introduziu um conselho político. Todo o meu trabalho, então, foi por água abaixo.

O IPT atende muito bem setores como o de madeiras, faz pareceres técnicos, mas pouca pesquisa em desenvolvimento e pouco também em parceria com o setor privado.

Isso deveria ser incentivado. Definir as políticas industriais setoriais é essencial para dar condições às empresas, de forma que tenham tecnologia própria. A Espanha deu um grande salto qualitativo e conseguiu se tornar competitiva dentro da União Europeia assim. No Brasil, isso não aconteceu. No Brasil, não se pode contar com ajuda do governo para desenvolver tecnologia. Porém essa é a única via, que não tem nada de mágica. E, se querer uma política industrial no Brasil é utopia, podemos ver por outros exemplos que, quando se tem vontade, há utopias perfeitamente realizáveis.

> *Paulo é a pessoa com a visão mais idealista e ao mesmo tempo prática que já vi no mundo dos negócios. Conviveu com grandes empresários do mundo inteiro, com várias visões diferentes, e construiu uma visão dele, única, com valores muito claros, que direcionam o bom negócio não só para a empresa, como para a comunidade como um todo, e para o Brasil, que ele quer realmente melhorar. Traz muita luz. O empresariado procura ter muito foco no negócio, mas esquece os arredores. Ele não. Compreende os compartimentos da vida empresarial, mas também capta o conjunto, tanto quanto a essência. É quem melhor entende no Brasil o processo de visioning, de construção do futuro, não só para um negócio como para o país e a humanidade.*
>
> BRUNO SOLFERINI

ENSINANDO A REALIZAR SONHOS

com Paulo Villares

Paulo Villares tem uma história muito especial e que muitos não conhecem para compartilhar conosco: como ele ensinou pessoas a realizarem seus sonhos.

Venha escutar como Paulo Villares ousou e apoiou seus filhos recém-formados a cruzarem sozinhos o Atlântico em um veleiro usando apenas o sextante e o rádio de bordo. Como Paulo incentivou recentemente os seus netos que escalaram a montanha Suíça Matterhorn, ícone do montanhismo europeu. Além de ser o fundador do YPO no Brasil, a história de vida do empreendedor teve todo tipo de desafio, desde pilotar aviões e planadores, desbravar novas fronteiras, inovar e se reinventar várias vezes.

Paulo vai compartilhar essa rica história de vida e experiências valiosas. Com esse diálogo, esperamos inspirar nossa comunidade de YPOers, Spouses/Partners e Filhos a dialogar, a sonhar e, principalmente, realizar. Contamos com a presença de vocês para aprender, celebrar e homenagear a vida de nosso membro mais experiente do YPO Brasil.

Pouquíssimos lugares.

>> INSCREVA-SE.

Corinna e Mark Essle
Annalu e Lincoln da Cunha Pereira Filho
Day Chair Couples

FAST FACTS:

Data: 27 de novembro (quarta-feira)
Horário: 19h às 22h
Local: Residência Annalu e Lincoln da Cunha Pereira Filho
Público: Membros, Spouses/Partners e YNGs dos Capítulos de São Paulo, Grand SP, Centro Oeste e South Brazil integrated

AGENDA

19:00h - 19:30h - Recepção com Cocktail
19:30h - 20:30h - A incrível história de Pai-Filhos e Netos

Ensinando a realizar sonhos - Paulo Villares
Evento YPO - 27/11/2024

Paulo com sua mãe e irmãos.

Família e amigos na festa de 80 anos de Paulo.

Dudu, Ana Paula, Geraldo Carneiro (genro de Inabel, quando entra para a Academia Brasileira de Letras), Paulo e Inabel.

Ana Paula, João Rodrigo, Paulo, Inabel e Vinicius.

Paulo, Inabel, Joaquim, Cláudia, José Roberto, Cecília, Mara e Luiz em Angra dos Reis. Ausentes, Verinha e Luiz Marques.

Locomotiva Baldwin antiga adquirida por Paulo de um antiquário. Foi restaurada por um funcionário da Indústria Villares nas horas vagas.

Mario Villares e André Musetti, grandes companheiros de Paulo.

Paulo cumprimentando Theodoro Niemeyer, seu grande "guru", pelo seu aniversário, muitos anos depois de se conhecerem na Villares.

Paulo e a irmã Elisa. Grande amiga e companheira.

> *Utopia, para ele, é mais coragem que utopia de fato. Eu, que como todos os psicólogos, lido o tempo todo com o sofrimento, a descrença, as dúvidas e incertezas humanas, fico impressionada com a capacidade que ele tem, mesmo na casa dos 80 anos, de seguir acreditando. Há tempos ele começou a se queixar que não tinha mais sonhos com o pai dele, uma espécie de conexão com essas pessoas que, assim como Santos Dumont, o ajudaram a se formar dessa maneira, sempre buscando o que parece improvável ou impossível. Sua mensagem é de que precisamos arriscar; nesse sentido, ele, que é engenheiro e diz que não entende a poesia do jeito convencional, faz poesia, seja pela maneira como leva a vida, seja pelas suas memórias.*
>
> ANA PAULA PEDRO

Apesar das dificuldades, estou mais convencido do que nunca de que vale a pena perseguir utopias. Mais do que vale a pena: é necessário para o desenvolvimento humano e empresarial. No final, as utopias podem funcionar ou não, mas sempre te dão uma direção. Você pode não chegar lá, há dificuldades, mas, com perseverança, esse processo sempre te leva a um lugar melhor. Esse é o caminho para transformar sonhos em realidade.

Não adianta só planejar no curto prazo. No mundo globalizado, pensar grande é mais importante do que nunca. Como Vic Pinedo nos ensinou na Villares, ao fazer planos para os próximos vinte anos, tínhamos que sonhar. 20 anos eram necessários para nos desvincularmos da realidade. Discutíamos e chegávamos a um acordo, sobre o que queríamos alcançar em 20 anos. Em seguida, desenhávamos a realidade daquele momento. A distância da atualidade para os 20 anos criava um V0, ou velocidade inicial, tanto maior quanto mais distante. Em seguida, colocávamos as pessoas diante da realidade de chegarmos a um acordo juntos, sobre o que fazer no curto e médio prazos, para assim seguirmos as utopias juntos, e com muito ânimo de todos.

Enquanto na presidência do IBGC fizemos esse exercício, liderados pelo Vic, no início deste século e vinte anos depois pudemos constatar o valor desse tipo de planejamento, pois havíamos conquistado o sonho de vinte anos antes.

Nossa visão sempre foi de sermos grandes, não apenas em uma coisa só, mas em tudo o que fazíamos. O DNA da empresa em geral está na sua origem. Nossa empresa partiu da invenção num país que não cria. Em outros lugares, criou-se porque muitos tiveram auxílio do governo para isso. Participei de algumas reuniões internacionais de indústria, com gente como o Akio Morita, em 1946, fundador da Sony, na qual ele contou o sonho pessoal dele. No fundo, também porque a Sony e outras companhias sempre contaram com um grande auxílio de governos que, com sua política industrial, ajudaram suas empresas a ganhar o mundo e irem além das próprias fronteiras.

Esse apoio vem sobretudo da área militar, por ser um setor estratégico, voltado para as questões de longo prazo, e priorizado como um investimento de segurança nacional. Para fazer o produto militar, é preciso apostar nas empresas que existem no país, de forma a lhes dar suporte para criar, porque ninguém vende uma tecnologia superior, que possa ser utilizada contra o próprio fornecedor numa área tão sensível. É preciso desenvolver coisas novas que ninguém mais tem, até para poder ganhar uma eventual guerra.

Os militares são fundamentais no desenvolvimento tecnológico e industrial. Como o Brasil nunca está em guerra, não atenta para a importância da área militar no desenvolvimento tecnológico e industrial. Sobretudo nos anos mais recentes, desestimulou-se a necessidade de o país estar à frente militarmente, o que, por consequência, tira muito da capacidade competitiva geral do país.

Num país, assim como com as pessoas, todos devem sonhar. Para uma pessoa sonhar, tem de haver estímulo dos pais. E não há idade: ela pode sonhar quando quiser.

O sonho de um país é como o de uma pessoa, coletivamente. O sonho pode ser uma utopia, mas perseguir utopias continua dando o norte.

Por que no Brasil temos pouquíssimos utopistas? Ser beneficiado pela existência de uma política industrial é diferente de mamar no governo. Por meio dos processos de planejamento estratégico, eu sempre quis ter mais utopistas ao meu lado. Ou, no mínimo, fazer com que respeitem mais a liderança que não pensa apenas em entrar em negociata, mas em construir um negócio.

Basta isso para o Brasil ficar diferente.

Um livro é uma semente para as boas ideias. Levar ideias adiante é uma vitória. E essa semente precisa cair em pessoas que têm muito a fazer, têm muito a sonhar.

Depoimentos

ALAIN BELDA, atuou como *chairman* e CEO da Alcoa e membro do Conselho de Administração das Indústrias Villares.

AYRTON JORGE NETO, diretor de controladoria e vice-presidente executivo de Aços Villares e de Elevadores Atlas entre 1983 e 1993.

BRUNO SOLFERINI, empresário, consultor e pecuarista.

CECÍLIA CRUZ VILLARES, filha, terapeuta ocupacional, mestre em Saúde Mental e terapeuta familiar pelo Instituto Familiae de São Paulo.

CLÓVIS DE BARROS CARVALHO, vice-presidente do Grupo Villares, secretário executivo do Ministério da Fazenda no governo Itamar Franco, ministro da Casa Civil e do Desenvolvimento, Indústria e Comércio dos governos de Fernando Henrique Cardoso, entre 1995 e 1999.

EDUARDO MARCONDES, juiz estadual de direito, sobrinho da esposa Inabel Villares.

FERNANDO HILSENBECK, atuou como presidente administrativo da Villares.

HELOÍSA BEDICKS, atua como membro do Conselho de Administração da Vale e foi presidente e conselheira do Instituto de Governança Corporativa (IBGC).

GUSTAVO CAMPOS, gestor de recursos na Krathus Wealth Management.

INABEL VILLARES, esposa, psicóloga.

LUIZ CRUZ VILLARES, filho, consultor socioambiental.

PEDRO CRUZ VILLARES, filho, presidente da holding Maraé.

ROBERTO KONDER BORNHAUSEN, atuou como presidente do Fundo Garantidor de Créditos (FGC) e da Federação Brasileira de Bancos (Febraban).

ROBERTO TEIXEIRA DA COSTA, atua como membro do Conselho Consultivo da Câmara de Arbitragem do Mercado (CAM) da B3 e foi o primeiro presidente da Comissão de Valores Mobiliários (CVM).

ROBERTO CRUZ VILLARES, filho, empresário, produtor musical na Ambulante Music.

RUY SOUZA E SILVA, atuou como presidente de finanças do Grupo Villares e vice-presidente operacional de Elevadores Atlas.

Cronologia
GRUPO VILLARES

1920 – Criação da Lowsby e Pirie, prestadora de serviços de manutenção de elevadores na cidade de São Paulo.

1922 – Associação com Carlos Villares cria a Pirie, Villares & Cia, que, além da manutenção, passa a fabricar e montar elevadores. Com o falecimento de Carlos, Luiz Villares assume a posição do irmão na companhia.

1942 – Luiz Villares instala uma enorme prensa de 500 toneladas na Fábrica de Elevadores Atlas no Cambuci, que foi inaugurada pelo Presidente Getúlio Vargas.

1944 – Luiz e Alfredo Villares criam a divisão de Metalurgia da Elevadores Atlas S.A.

1945 – É instalado na usina de São Caetano do Sul o primeiro forno Electrometal, com capacidade para cinco toneladas.

1947 – Originada da divisão de metalurgia da Elevadores Atlas S.A., é constituída a empresa

Aços Villares S.A., em São Caetano do Sul, para exploração da indústria e do comércio do aço e produtos correlatos. Começa a produção de escadas rolantes.

1949 – Com 2.636 funcionários, Elevadores Atlas produz 832 elevadores e conserva 2.332 unidades. Na fundição são produzidas 3.773 toneladas de aço, das quais 1.064 para uso próprio.

1952 – Equipamentos Villares é formada em São Bernardo do Campo para a construção de monovias e pontes rolantes industriais.

1958 – É inaugurado na usina de São Caetano do Sul o Laboratório de Análises Químicas do Departamento de Produção.

1960 – É inaugurada a forjaria pesada na usina de São Caetano do Sul.

1966 – É criado na usina de São Caetano do Sul o laminador de 600 mm e o forno contínuo de tratamento térmico.

1967 – Construído o pavilhão de usinagem de cilindros na usina de São Caetano do Sul.

1969 – Aços Villares instala equipamento pioneiro para refino de aço sob vácuo em panela tipo ASEA/SKF.

1972 – É constituída a Villares Overseas Corporation, nos Estados Unidos, para comercialização de produtos siderúrgicos.

1973 – Aços Villares instala na usina de São Caetano do Sul os fornos Rototemp e Villares B, projetados e produzidos na própria empresa, para a produção de cilindros.

1974 – Aços Villares cria na usina de São Caetano do Sul o Centro de Pesquisa de Desenvolvimento.

1975 – Equipamentos Villares inicia uma grande expansão com novas instalações em Araraquara em um projeto de US$ 100 milhões.

1975 – É constituída em Pindamonhangaba (SP) a Villares Indústrias de Base S.A. (Vibasa) para abrigar uma nova siderúrgica num projeto de US$ 400 milhões.

1978 – A Vibasa entra em operação com o funcionamento do setor de Modelação.

1988 – Adquiridas a Siderúrgica Nossa Senhora Aparecida S.A., com unidades industriais em Sorocaba e Diadema (SP), e Aços Anhanguera S.A., com unidade industrial em Mogi das Cruzes.

1992 – Aços Villares incorpora a Aços Ipanema (Villares) S.A. (antiga Siderúrgica Nossa Senhora Aparecida S.A.)

1993 – Aços Villares incorpora Aços Anhanguera (Villares) S.A. (antiga Aços Anhanguera S.A.). Firma com a Sandvik do Brasil S.A. uma parceria que resultou na criação da Sandvik-Villares Wire Ind. e Comércio Ltda., joint-venture com unidade industrial em Mogi-Guaçu (SP), para fabricação de arames inoxidáveis de liga especial.

1994 – Aços Villares incorpora a Vibasa. É inaugurada em Mogi das Cruzes a Estação de Tratamento de Efluentes Líquidos Industriais.

1996 – Aços Villares assume o controle acionário da Eletrometal S/A Metais Especiais, pertencente até então à Acesita, com uma unidade industrial em Sumaré (SP). Sua razão social muda para Villares Metals S.A. A Acesita passa a deter participação minoritária no capital da Aços

Villares. Vão para Sumaré todas as atividades relacionadas a aços de alta liga.

1997 – Início da operação do Lingotamento Contínuo na planta de Mogi das Cruzes. É a primeira siderúrgica de aços não planos no Brasil a receber o certificado QS-9000, que integra ao Sistema de Qualidade da indústria automobilística.

1998 – É desativada a usina de São Caetano do Sul (SP). A produção de cilindros é transferida para a usina de Pindamonhangaba (SP).

1999 – Mediante a subscrição e integralização de aumento de capital, a Sidenor Internacional S.L. assume o controle de Aços Villares, com uma participação de 58,44% e o BNDES com participação de 30%.

2004 – O controle acionário da Villares Metals S.A. passa integralmente para a empresa austríaca Böhler-Uddeholm AG.

2006 – Aquisição do controle acionário da Corporación Sidenor S.A. pelo Grupo Gerdau.

Compartilhando propósitos e conectando pessoas.
Visite nosso site e fique por dentro dos nossos lançamentos:
www.gruponovoseculo.com.br

facebook/novoseculoeditora
@novoseculoeditora
@NovoSeculo
novo século editora

gruponovoseculo
.com.br

Edição: 1ª
Fonte: Minion Pro 13/20
Antenna